Pratiques, ludiques et culturels… Ne commencez pas l'année sans eux !

• Le pack d'autocollants Bloggers, pour une évaluation positive !

Les nouveaux programmes de 2016 réaffirment le principe d'une **évaluation positive, simple et lisible, qui valorise les progrès et encourage les initiatives**.

Dans cette optique, la collection **Bloggers** s'agrandit cette année avec un **pack de 1000 autocollants colorés** à apposer sur les copies de vos élèves pour **mettre en avant leurs résultats**, les **encourager à poursuivre leurs efforts** et leur **donner confiance en eux**.

Avec les stickers Bloggers, nul doute que la motivation sera au rendez-vous !

Prix : 4,90 €
Où les trouver ?
Sur notre boutique en ligne, onglet « bon de documentation »

• Le carnet de bord 2017-2018 des professeurs d'anglais

Alliez l'utile au culturel en adoptant ce carnet de bord spécialement conçu pour vous, professeurs d'anglais !

Semaine après semaine, découvrez **des informations civilisationnelles**, des **anecdotes**, des **citations**, des **quiz**, des **activités pour la classe** de la 6e à la 3e et, bien sûr, **toutes les dates importantes** du monde anglophone.

Pratique !

…A4 pour avoir la …ce de tout écrire et **des pages pour centraliser les informations importantes** (nom des élèves, emplois du temps, vacances par zone…).

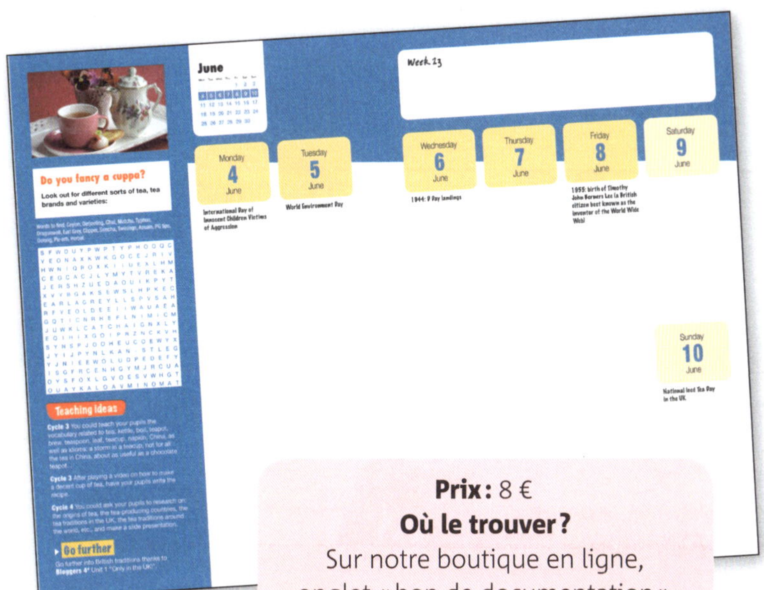

Prix : 8 €
Où le trouver ?
Sur notre boutique en ligne, onglet « bon de documentation »

Coordination pédagogique : Florence Pitti et Eduard Sancho
Coordination éditoriale : Alícia Carreras

Conception des lexiques et des pages de Reading : Annabelle Guilloré-Chotard
Conception du dossier de méthodologie : Natacha Godaillier
Relecture pédagogique des pages de grammaire : Erwan Roussel

Conception graphique couverture et intérieur : La Japonesa
Mise en page : Natàlia González, Laurianne López, Emma Camacho
Illustrations : Alejandro Milà
Iconographie et droits : Alexandra Calmès
Relecture et correction : Brian Brennan, Catherine de Bernis et Annabelle Guilloré-Chotard
Cartographie : Éditions Maison des Langues

Remerciements :
Nous tenons à remercier toutes les personnes qui ont contribué par leurs conseils et révisions à la réalisation de ce manuel, notamment Sandrine Guilloré-Chotard, Sophie Dudouit, Oscar García Ortega, Natacha Godaillier, Aurore Goussé, Laureen Lagarde, Luis Luján, Noemí Martínez, Ainara Munt, Raquel Trigo, Sara Ruiz, Laia Sant, Esther Sarafian et Joan Vignaud.

ISBN : 978-2-35685-442-1
ISBN spécimen : 978-2-35685-441-4

Avant-propos

Dear student,

Quand nous avons créé ce manuel, **nous avons pensé à toi**. Pour que tu aies plaisir à l'ouvrir, nous avons travaillé sur la présentation et sur l'illustration. Et pour que tu le trouves à la fois intéressant et accessible, nous avons fait attention à beaucoup d'autres détails.

Par exemple, nous avons cherché de nombreux documents pour que tu puisses **lire et entendre de l'anglais authentique**. Par exemple, quand nous te présentons une école anglaise, avec ses uniformes, ses emplois du temps, etc, il s'agit d'une école anglaise qui existe réellement !

Ce manuel est découpé en huit unités, et chaque unité aborde un sujet différent. Chacune est présentée par **une jeune fille ou un jeune garçon de ton âge**, **qui vit dans un pays anglophone** comme la Grande-Bretagne ou les États-Unis.

Ces adolescent(e)s participent à un **blog collectif** où ils / elles écrivent des textes sur des sujets qui les intéressent. Tu trouveras le résultat de leur travail dans la page « Culture Blog » de chaque unité. C'est pour cela que ton livre s'appelle « Bloggers » !

Sheena Tom Tara John Kirstine

Voici quelques conseils pour bien aborder cette année :

- ✓ **Sois toujours actif (ive)** en classe, prends la parole dès que possible, et fais l'effort de toujours parler anglais, même quand c'est difficile.
- ✓ **Respecte ton entourage** : tes professeur(e)s, bien sûr, mais aussi tes camarades car il ne faut jamais se moquer ni rabaisser les efforts des autres.
- ✓ **Prends soin de ton matériel** : livre, cahier, workbook et même stylos et crayons... il faut le garder en bon état car c'est plus agréable pour travailler.
- ✓ À la maison, prends toujours un peu de temps entre deux cours d'anglais pour **revoir ta leçon**, à l'écrit comme à l'oral.
- ✓ Dernier conseil : **ne te décourage jamais** ! Une langue étrangère ne se maîtrise pas en quelques jours, il faut des années pour l'apprendre de façon solide.

Have a great year with **Bloggers**!

Frédéric Chotard,
Directeur de collection,
et tous les auteurs

Tableau des contenus

	PROJETS	OBJECTIFS COMMUNICATIONNELS ET GRAMMATICAUX

OBJECTIFS LEXICAUX ET PHONOLOGIQUES	PARCOURS	OBJECTIFS CULTURELS
LEXIQUE • quelques langues, pays et nationalités • quelques activités de loisir (1) • les différents lieux de l'école • les prépositions de lieu (1) **RÉVISION** • les chiffres **PRONONCIATION** • l'accent de phrase • les différentes prononciations de « **th** »	**PARCOURS D'ÉDUCATION ARTISTIQUE ET CULTURELLE** • la fête indienne de Diwali • la nourriture indienne • l'artiste indien Anish Kapoor **PARCOURS CITOYEN** • le respect de la diversité culturelle 	**LA PERSONNE ET LA VIE QUOTIDIENNE** • l'école anglaise • la représentation de soi **LE PORTRAIT PHYSIQUE ET MORAL** • la présentation de ses camarades de classe **DES REPÈRES GÉOGRAPHIQUES, HISTORIQUES ET CULTURELS** • différents pays et nationalités • Londres, ville multiculturelle
LEXIQUE • les membres de la famille • la description physique **RÉVISION** • les couleurs **PRONUNCIATION** • les formes contractées de **have got** et **has got** • le son /ɪ/ et la diphtongue /aɪ/	**PARCOURS D'ÉDUCATION ARTISTIQUE ET CULTURELLE** • deux tableaux sur la famille : **Freedom From Want**, de Norman Rockwell, et **Christmas Family Gathering**, de Lois Mailou Jones **PARCOURS CITOYEN** • les différents types de famille 	**LA PERSONNE ET LA VIE QUOTIDIENNE** • la représentation de soi **LE PORTRAIT PHYSIQUE ET MORAL** • quelques familles américaines de fiction célèbres **DES REPÈRES GÉOGRAPHIQUES, HISTORIQUES ET CULTURELS** • la ville de New York (USA) • Thanksgiving et Christmas Eve **L'IMAGINAIRE** • **Little Women**, de Louisa May Alcott, et **Going and Coming**, de Norman Rockwell • quelques séries télévisées américaines

AP **Comment distinguer le vrai du faux ?** p. 43

LEXIQUE • les activités quotidiennes • les matières scolaires • les activités de loisirs (2) **RÉVISION** • quelques loisirs • les jours de la semaine **PRONONCIATION** • « **-s** » et « **-es** » à la 3e personne du singulier • l'accent de phrase • l'ensemble « **ea** »	**PARCOURS D'ÉDUCATION ARTISTIQUE ET CULTURELLE** • le football gaélique • la danse irlandaise **PARCOURS SANTÉ** • l'equilibre physique et mentale 	**LA PERSONNE ET LA VIE QUOTIDIENNE** • le quotidien d'une collégienne irlandaise **LE PORTRAIT PHYSIQUE ET MORAL** • les goûts et les habitudes **DES REPÈRES GÉOGRAPHIQUES, HISTORIQUES ET CULTURELS** • des activités typiquement irlandaises • la ville de Dublin
LEXIQUE • les pièces de la maison • le mobilier • les prépositions de lieu (2) • les tâches ménagères • quelques activités de loisirs (3) **RÉVISION** • les couleurs • la famille • les activités quotidiennes **PRONONCIATION** • la prononciation de « **'s** » • **there is / there are** et **there isn't / there aren't**	**PARCOURS D'ÉDUCATION ARTISTIQUE ET CULTURELLE** • les maisons dans les films de Tim Burton **PARCOURS CITOYEN** • l'égalité hommes-femmes dans les tâches ménagères 	**LA PERSONNE ET LA VIE QUOTIDIENNE** • les maisons américaines • la vie de famille à la maison **DES REPÈRES GÉOGRAPHIQUES, HISTORIQUES ET CULTURELS** • la ville de Los Angeles **L'IMAGINAIRE** • quelques personnages de dessins animés américains célèbres : **The Simpsons**, **The Incredibles**, **Ratatouille**, **101 Dalmatians**, **Toy Story** • l'univers du réalisateur Tim Burton

AP **Comment apprivoiser ta mémoire ?** p. 69

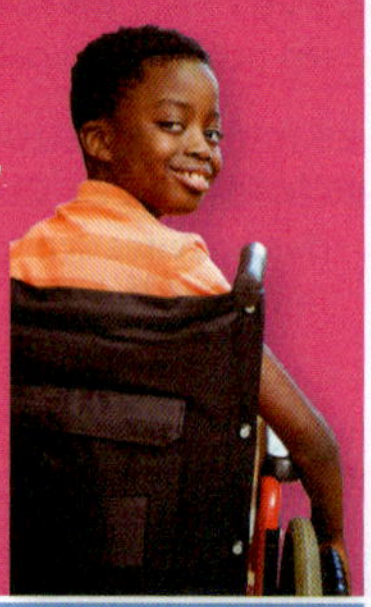

OBJECTIFS LEXICAUX ET PHONOLOGIQUES	PARCOURS	OBJECTIFS CULTURELS

LEXIQUE
- les vêtements et les accessoires
- les saisons
- les achats et les magasins
- les nombres

RÉVISION
- les couleurs
- la description physique

PRONUNCIATION
- le son /ə/
- l'allongement des voyelles suivies d'un « **r** »

PARCOURS D'ÉDUCATION ARTISTIQUE ET CULTURELLE
- la mode londonienne et la styliste Stella McCartney

PARCOURS CITOYEN
- l'uniforme scolaire : pour ou contre ?

LA PERSONNE ET LA VIE QUOTIDIENNE
- les styles vestimentaires
- le shopping

LE PORTRAIT PHYSIQUE ET MORAL
- les goûts vestimentaires

DES REPÈRES GÉOGRAPHIQUES, HISTORIQUES ET CULTURELS
- la ville de Londres et ses marchés : Brick Lane, Oxford Street...
- l'uniforme scolaire anglais

LEXIQUE
- les sports
- les équipements sportifs
- les adjectifs exprimant l'aptitude
- les aliments

RÉVISION
- les activités de loisirs

PRONUNCIATION
- la prononciation de **can** et **can't**

PARCOURS D'ÉDUCATION ARTISTIQUE ET CULTURELLE
- le baseball, un sport typiquement américain
- l'artiste Norman Rockwell

PARCOURS CITOYEN
- le **fair play**

LA PERSONNE ET LA VIE QUOTIDIENNE
- le bien-être par le sport et l'alimentation

LE PORTRAIT PHYSIQUE ET MORAL
- les pratiques individuelles du sport

DES REPÈRES GÉOGRAPHIQUES, HISTORIQUES ET CULTURELS
- quelques sportifs américains célèbres
- quelques sports typiques d'Amérique du Nord : curling, baseball, hockey sur glace

AP Comment enrichir tes productions écrites en équipe ? p. 95

LEXIQUE
- les lieux de la ville
- les adjectifs qualificatifs
- le voyage et les sentiments
- les verbes du passé

RÉVISION
- quelques magasins et lieux dans la ville

PRONUNCIATION
- la prononciation de « **-ed** »
- la discrimination auditive base verbale / prétérit

PARCOURS D'ÉDUCATION ARTISTIQUE ET CULTURELLE
- les gratte-ciels à Manhattan

PARCOURS CITOYEN
- le **Melting Pot**

LE PORTRAIT PHYSIQUE ET MORAL
- l'expression des sentiments

L'IMAGINAIRE
- **At Ellis Island: a History in Many Voices**, Louise Peacock

DES REPÈRES GÉOGRAPHIQUES, HISTORIQUES ET CULTURELS
- la ville de New York et ses monuments les plus célèbres
- quelques parcours d'immigrants aux États-Unis

LEXIQUE
- les activités de plein air
- les paysages
- la météo
- les différents lieux de la ville
- les activités touristiques
- les moyens de transport

PRONUNCIATION
- la prononciation de **will**
- le rythme de la phrase

PARCOURS D'ÉDUCATION ARTISTIQUE ET CULTURELLE
- deux légendes écossaises

PARCOURS CITOYEN
- les moyens de transport éco-responsables

LA PERSONNE ET LA VIE QUOTIDIENNE
- l'organisation d'activités de loisirs

DES REPÈRES GÉOGRAPHIQUES, HISTORIQUES ET CULTURELS
- la ville de Glasgow
- quelques sites touristiques écossais

L'IMAGINAIRE
- le monstre du Loch Ness et la légende du saumon et de l'anneau

AP Comment comprendre un document oral ? p. 121

Découvre Bloggers

Que signifient les pictos de ton manuel ?

Parler en continu	Écouter et comprendre	MP3: 3 Fichier MP3 élève sur espace langues	PÉDAGOGIE DIFFÉRENCIÉE Activités de différents niveaux dans le workbook
Réagir et dialoguer	VIDEO Regarder et comprendre	Fiche vidéoprojetable / imprimable sur espace langues	AP Pistes d'accompagnement personnalisé dans le workbook
Écrire	CD: 3 Fichier audio du pack CD-DVD classe	PARCOURS Activité en lien avec l'un des 4 parcours éducatifs	WB p. 33 Renvoi au workbook
Lire et comprendre	DVD: 01 Vidéo du pack CD-DVD classe	Comparaison entre le français et l'anglais	A2 Niveau du Cadre européen

Comment fonctionne chaque unité ?

La double page d'ouverture

Une question simple sur un aspect précis du monde anglophone. L'unité te donnera les clés pour y répondre…

Le personnage central de l'unité. Il te présente sa ville et le thème que tu vas aborder.

Deux activités pour te familiariser avec le sujet et faire le point sur ce que tu sais déjà.

Les objectifs de l'unité et, surtout, **ton challenge** ! C'est la mission qui t'est confiée et que tu pourras bientôt réaliser.

Une vidéo pour découvrir la ville et le thème en images.

Les deux leçons

Des documents de toute nature (textes, vidéos, enregistrements, images…), très souvent **authentiques** et toujours intéressants !

Un peu de réflexion pour te préparer à **devenir citoyen(ne) du monde…** en anglais, bien sûr !

L'essentiel à retenir en **grammaire** et en **vocabulaire**.

Besoin d'aide pour t'exprimer ? Utilise les amorces ou les **exemples en bleu**.

Des jeux, parce qu'on apprend toujours mieux en s'amusant !

Un mini challenge pour mettre en pratique ce que tu as appris et t'entraîner en vue du **challenge** final.

My grammar
My vocabulary

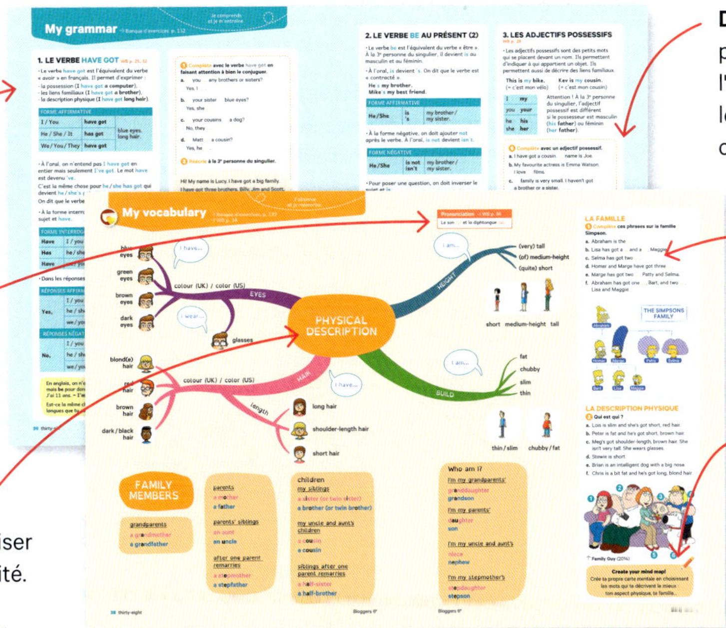

Des explications simples et des exercices pour chaque point de grammaire vu dans l'unité.

Des questions d'observation pour faire des liens entre l'anglais et le français ou les autres langues que tu connais.

Teste ta mémoire avec ces **exercices variés** !

Rendez-vous dans ton **workbook** pour t'entraîner à parler l'anglais comme un(e) natif (native) !

Une carte mentale pour visualiser tout le vocabulaire utile de l'unité. Classés de façon logique et illustrés, les mots sont plus faciles à mémoriser !

Et si tu créais **ta propre carte mentale** ? Tu peux aussi télécharger celle de ton manuel en version à compléter sur **espace langues**

Une page **Your challenge**

Ta mission ! Toutes les étapes sont détaillées et des exemples sont là pour t'aider. Tu as toutes les cartes en main pour réussir !

Une page **The Culture blog**

Le blog du personnage de l'unité et de tous les autres bloggers du manuel. Lis leurs articles pour approfondir le thème de l'unité... avant de te lancer toi-même dans la création !

Qu'y a-t-il d'autre dans ton manuel ?

Des pages...

...de phonétique ...d'AP ...de méthodologie ...d'exercices ...de lecture ...de lexique

Et dans le workbook, qu'y a-t-il de spécial ?

En compléments des leçons

Pour une même activité, **différents niveaux de réalisation**, plus ou moins difficiles, avec plus ou moins d'aide !

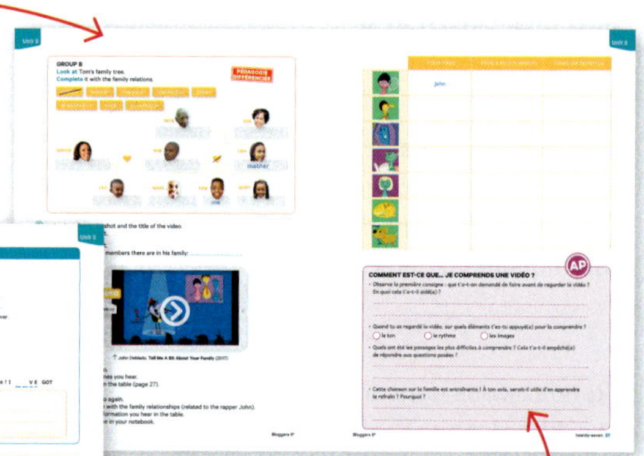

Les documents de ton manuel pour que tu puisses entourer, surligner, souligner tout ce que tu souhaites !

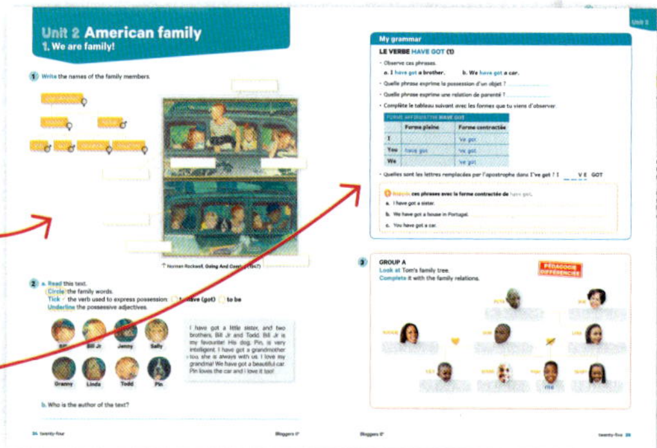

Des phases d'observation de la langue pour déduire toi-même les règles de grammaire.

Des pauses d'AP pour réfléchir à la façon dont tu travailles et déterminer quelles techniques fonctionnent le mieux pour toi.

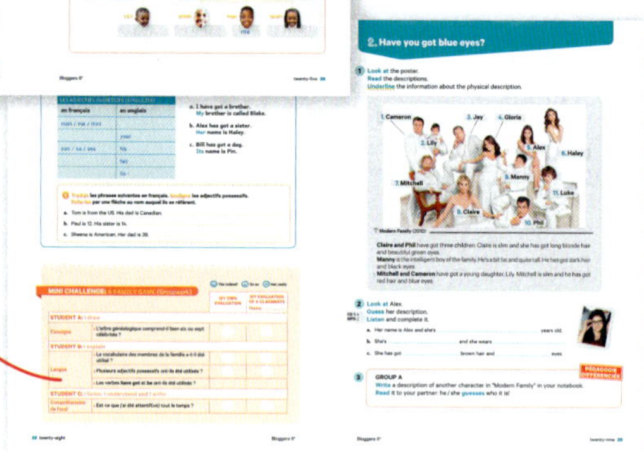

Des grilles à compléter pour chaque **mini challenge** afin d'évaluer ton propre travail... et celui de tes camarades !

Pour mémoriser ton vocabulaire

Des exercices variés et des jeux pour mettre ta mémoire et ta logique à l'épreuve !

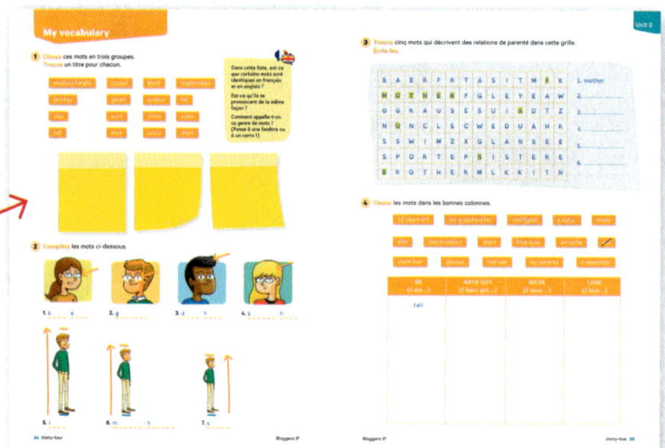

Pour améliorer ta prononciation

Des activités pour t'entraîner à reconnaître et prononcer **les sons, les intonations et les rythmes de l'anglais**.

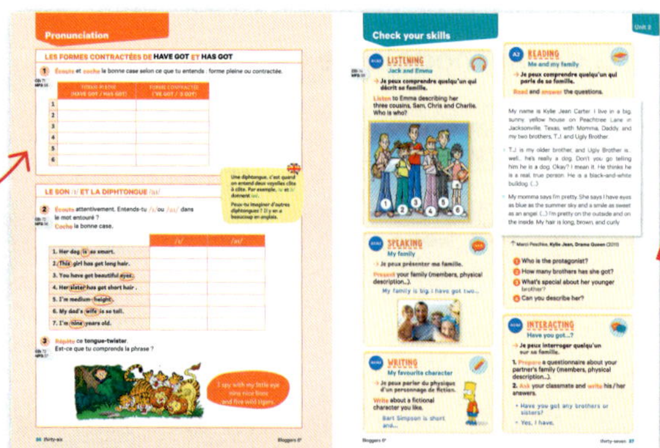

Pour te préparer à l'évaluation

Grâce à ces **cinq activités d'entraînement** aux différentes activités langagières, tu ne peux que réussir le jour de l'évaluation !

Bookquest

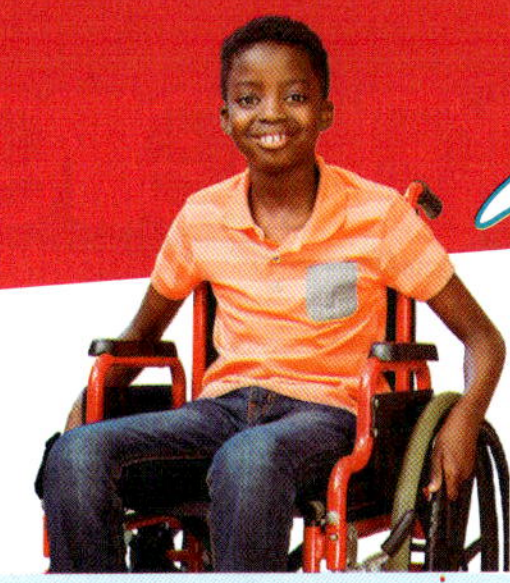

Let's play! Here are some questions about your Student's book. Answer them as fast as you can with a classmate. The first one to finish is the winner!

Jouons un peu ! Voici une série de questions sur manuel. Réponds-y le plus vite possible avec un(e) camarade. Que le groupe plus rapide gagne !

Les premières pages du manuel →

A Combien d'unités y a-t-il dans ton manuel ?

B Pourquoi ton manuel s'appelle-t-il **Bloggers** ?

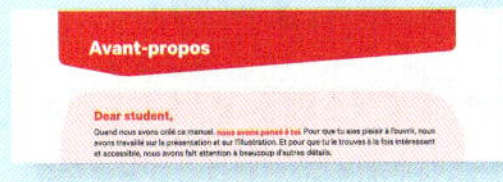

C Comment s'appelle le personnage central de l'unité 4 ?

Unit 4
Home, sweet home

D Quels villes du monde anglophone vas-tu découvrir ? Trouves-en au moins 4, de deux pays différents !

MEET THE Bloggers

← Les unités

E Que seras-tu capable de faire en anglais cette année ? Trouve au moins 5 choses différentes !

OBJECTIFS COMMUNICATIONNELS ET GRAMMATICAUX

F Combien de leçons y a-t-il dans une unité ?

G À quoi correspond l'encadré ci-dessous sur la première page de chaque unité ?

Your challenge
Créer les personnages d'une famille pour une nouvelle série télévisée américaine.

H Que peux-tu trouver dans les pages **My grammar** ?

My grammar Je comprends et je m'entraîne.

I Comment s'appelle le schéma qui se trouve dans les pages **My vocabulary** ? À quoi sert-il ?

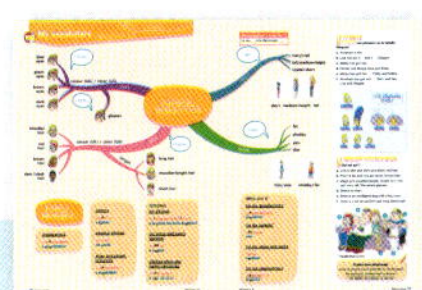

J Quel est le lien entre les bloggers et la page **Culture Blog** ?

K À quel genre d'activité renvoie le picto ci-dessous ?

Les annexes du manuel ↙

L Dans les encadrés **Vocabulary**, à quoi correspondent les signes en vert à côté de certains mots ?

chubby /ˈtʃʌbi/ ≤ **fat:** gros(se)
slim ≤ **thin:** mince
tall /tɔːl/: grand(e)

M Que dois-tu faire quand tu vois cette mention ?

WB p. 24

N Quelle partie de ton livre peux-tu consulter si tu cherches la traduction d'un mot français ? Et d'un mot anglais ?

O Combien de fiches méthodologiques peux-tu consulter si tu as besoin de conseils ? Donne au moins 4 des thèmes traités !

Comment relire ses devoirs

P Que peux-tu trouver à partir de la page 140?

Well done! Your Student's book has no secrets for you! You can use it through the whole course... or you can flick through the pages whenever you want.

Et voilà, ton manuel n'a plus de secrets pour toi ! N'hésite pas à t'en servir tout au long de l'année... ou à le feuilleter simplement pour le plaisir !

Meet the Bloggers

Here are the five bloggers of your Student's book. They are from different English-speaking countries, but they all contribute to the 'Culture Blog', a collaborative blog where they write about what they're interested in. Let's meet them!

TOM

He's American and he lives in New York.

He's 11 years old.

He has got a big family: he's got a brother, a sister and a half-sister.

He loves TV series, like **Black-ish**, and art. Norman Rockwell is one of his favourite artists.

What he loves most in his city are the skyscrapers.

In the 'Culture Blog', he's writing about family paintings (Unit 2, p. 40) and skyscrapers (Unit 7, p. 106).

SHEENA

She's British, but her family comes from India.

She's nearly 12 years old.

She's on year 7 at Oaks Park High School, a very international school near London.

She loves sports, but she doesn't like playing video games and she hates cooking.

She likes design and fashion too, Stella McCartney is one of her favourite designers.

In the 'Culture Blog', she's writing about multicultural London (Unit 1, p. 28) and fashion (Unit 5, p. 80).

TARA

She's from Dublin, Ireland.

She's 11 years old.

She's in Sixth Class, and her favourite subjects are Art and Drama, but she doesn't like Business Studies.

In her free time, she does Irish dancing and she likes surfing the Net at home.

In the 'Culture Blog', she's writing about two very Irish activities (Unit 3, p. 54).

KIRSTINE

She lives in Glasgow, Scotland.

She's 11 years and a half.

She likes hiking in the mountains, especially the Highlands in the north of Scotland.

She loves telling myths and legends, like the one about Nessie, the Loch Ness monster.

In the Culture Blog, she's writing about Scottish myths and legends (Unit 8, p. 118).

JOHN

He's from Los Angeles, California.

He has got a big house with a big garden. He has got a brother and a sister.

He loves cinema, especially Tim Burton's fims, and baseball. Los Angeles Dodgers is his favourite team.

In the 'Culture Blog', he's writing about Tim Burton's houses in films (Unit 4, p. 66) and baseball (Unit 6, p. 92).

Ready, steady, go!

1. Let's communicate!

Je communique
en cours d'anglais.

LET'S GO!

CD: 01
MP3: 01

Read and **listen to** the comic strips and **memorise** them.
Act them **out** with your classmate! WB p. 4

2. Let's celebrate!

Je parle des jours, des mois et des fêtes du monde anglophone.

January

1st New Year's Day

26th Australia Day

February

6th Waitangi Day (New Zealand)

14th Valentine's Day

March

spring

1st St David's Day (Wales)

17th St Patrick's Day (Ireland)

April

21st The Queen's birthday (England)

23rd St George's Day (England)

27th Freedom Day (South Africa)

May

1st Labor Day

25th Africa Day

June

summer

On a Saturday

Trooping the colour (England)

July

1st Canada Day

4th Independence Day (USA)

August

15th Independence Day (India)

September

autumn

11th Patriot Day (USA)

October

31st Halloween

November

5th Guy Fawkes' night (England)

The 4th Thursday Thanksgiving (USA)

30th St Andrew's Day (Scotland)

December

winter

25th Christmas

26th Boxing Day

31st New Year's Eve

LET'S GO!

Create a calendar for the English class. Each student **says** when he/she was born, and **writes** his/her name in the calendar. Now we can celebrate birthdays in class! WB p. 6

Comment se passe un premier jour de classe en Angleterre ?

Unit 1
New school, new life

Dans cette unité, nous allons...

- nous présenter à nos nouveaux camarades,
- parler des écoles en Angleterre,
- découvrir les richesses de la multiculturalité à Londres,
- parler de la diversité culturelle.

Your challenge

Commencer à créer le *yearbook* de la classe.

Hi, I am **SHEENA**, from London (UK). I'm English but my family is from India. In this unit you will learn about year 7's first day at school in England.

Piccadilly Circus, London

VIDEO

DVD: 01

Bound Round, **What To Do In London** (2014)

LET'S GO!

CD: 02

1. **Listen to** Sheena's conversation. **Complete** the sentences:
   - **a.** It's Sheena's first…
   - **b.** In the school, there is…
2. **Watch** the video about London. **Name** places that are mentioned.

1. Where are you from?

Je me présente à mes nouveaux camarades.

1 CD: 03

a. Listen and **match** each presentation with an illustration.
b. Read three more presentations.
Match them with the illustrations. WB p. 8

a. My name is Sheena. I am British. I am nearly twelve.
b. I am Eva. I'm from Spain and I am eleven years old.
c. We are Carl and Hans. We are German. We're eleven.

c. Write a presentation for the two remaining characters.

Did you know?

English people are from England.
British people are from the United Kingdom (England + Scotland + Wales + Northern Ireland).

2 CD: 04

In Sheena's school, there is a 'Welcome Club'.
Listen to the dialogues and **complete** the forms. WB p. 9

PÉDAGOGIE DIFFÉRENCIÉE

REGISTRATION FORM

FIRST NAME:
LAST NAME:
AGE:
BIRTHDAY:
NATIONALITY:
LANGUAGES SPOKEN:

REGISTRATION FORM

FIRST NAME:
LAST NAME:
AGE:
BIRTHDAY:
NATIONALITY:
LANGUAGES SPOKEN:

LET'S PLAY...

A ball game (Groupwork)

1. **Take** a ball and **introduce** yourself: say your name, your age, your nationality and the languages you speak.
2. **Pass** the ball to a person in the group.

My name is Sara.
I am eleven...

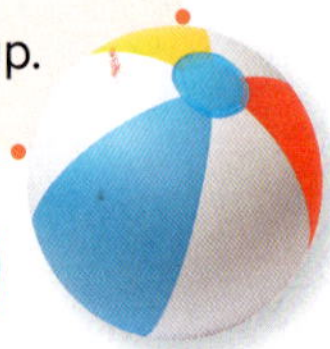

Vocabulary

CD: 05 MP3: 02

COUNTRIES	NATIONALITIES
Belgium	Belgian
China /'tʃaɪnə/	Chinese
France	French
Germany	German
India	Indian
Spain /speɪn/	Spanish
The USA /juːes'eɪ/	American
United Kingdom /jʊ'naɪtɪd 'kɪŋdəm/	British

Les mots interrogatifs

What is your name?
How old are you?
When is your birthday?
Where are you from?
What is your nationality?
Where do you live?
What languages do you speak?

Le verbe **be** au présent

I am English. / **I am** not English.
We are English. / **We are** not English.

Are you English?
✓ Yes, I am. / Yes, we are.
× No, I am not. / No, we are not.

3 **Watch** the video and **take notes** about their favourite activities. WB p. 12
Compare your notes with your classmate.
And you? What do you do in your free time?

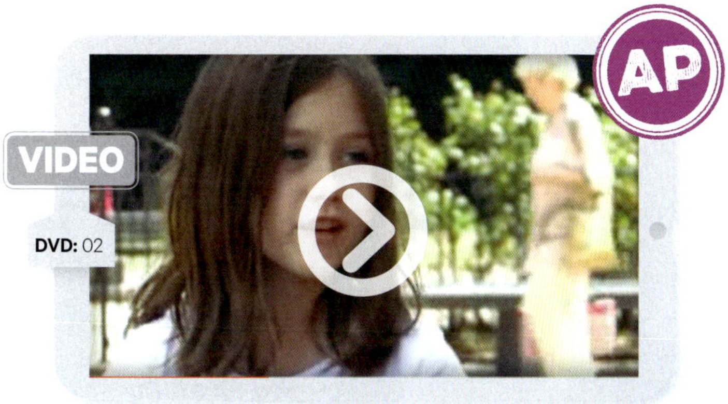

Vox Pops International, **What Do You Like To Do In Your Free Time?** (2012)

Vocabulary CD: 06 MP3: 03

- **to cook** /kʊk/: cuisiner
- **to cycle** /ˈsaɪkl/: faire du vélo
- **to go on the computer** /kəmˈpjuːtər/
- **to play cricket / football**
- **to play in the garden** /ˈɡɑːdn/: jouer dans le jardin
- **to play video games** /ˈvɪdiəʊ ɡeɪmz/
- **to read** /riːd/: lire
- **to swim**: nager
- **to watch TV**
- **to write** /raɪt/: écrire

4 **Read** Sheena's section in the school yearbook.
Complete your own portrait on your notebook.

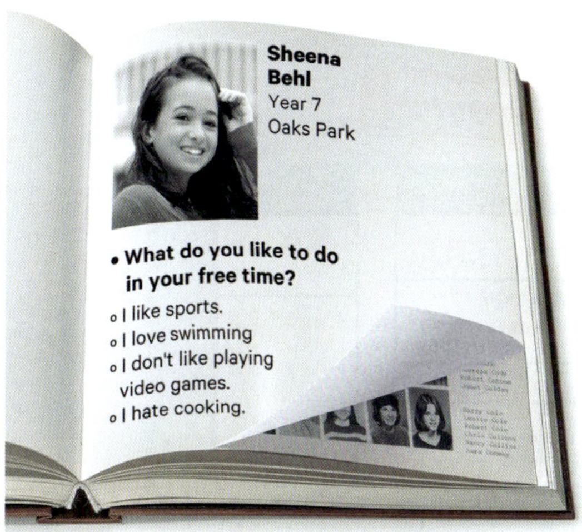

Did you know?

A yearbook, also known as an annual, is a type of a book published annually to commemorate and record the past year of a school.

L'expression des goûts

like / love / hate + **to** + BV
I **like to** swim.

like / love / hate + V-**ing**
I **like** swimm**ing**.

like / love / hate + nom
I **like** sports.

I don't like + **to** + BV
+ V-**ing**
+ nom

MINI CHALLENGE: A NEW IDENTITY (Pairwork)

It's the first day at your new school and you play a game to get to know each other. WB p. 13

1. **Create** a new identity for yourself: a new name, an age, a birthday, a nationality, a place of residence and the language(s) you speak.
2. **Think about** what you like or don't like to do in your free time.
3. **Ask and answer** questions.
4. **Complete** your classmate's card.

2. Welcome to Oaks Park!

Je parle des écoles en Angleterre.

1 **Watch** a video about Sheena's school.
Say the different moments of the first day at school.
Name different places in the school. WB p. 14

VIDEO

DVD: 03

Oaks Park High School, **Year 7's First Day** (2016)

PARCOURS CITOYEN

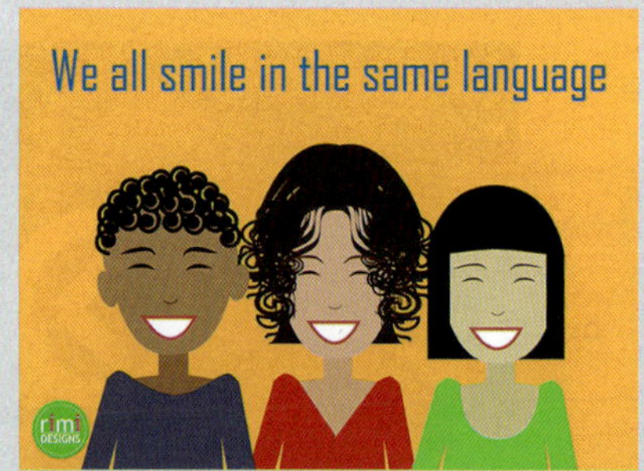

We all smile

1. **Look at** the poster. **Find** the slogan.
2. **Rephrase** the message.

We come from different countries but…

Rimidesigns, **We All Smile In The Same Language** (2015)

2 **Look at** the plan of Oaks Park High School.
Complete Sheena's sentences. WB p. 15

PÉDAGOGIE DIFFÉRENCIÉE

CD: 07
MP3: 04

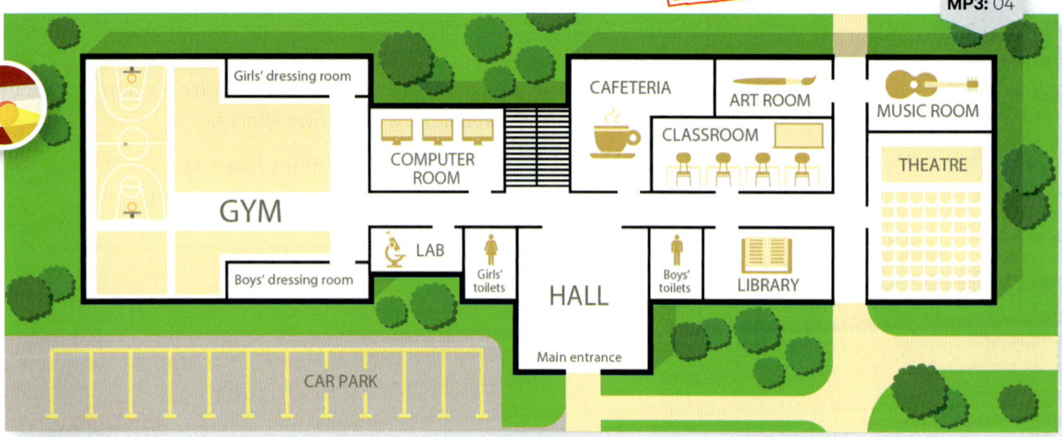

This is my school.

a. The cafeteria is next to the … and the … .

b. There is a lab opposite the … .

c. The … is between the girls' toilets and the boys' toilets.

d. The … is opposite the music room.

Les articles

There is a library in our school.
This is the library where I study.

LET'S PLAY…

Find the room (Pairwork)

1. **Choose** a place in Oaks Park.
2. **Explain** where it is.
3. Your classmate **guesses**.

It's a small room next to the library. What is it?

CD: 08
MP3: 05

Vocabulary

near / next to — between — opposite

3 **Look at** the school website. WB p. 18
What is the school motto? Who is in the photo?
Read the presentation of the school and **find**:

a. the date of creation of the school,
b. the number of students,
c. the different places in the school.

Les articles

a: *a* **gym**
an: *an* **a**rt **room**

Les adjectifs possessifs

my: mon / ma / mes
your: ton / ta / tes
our: notre / nos

AP

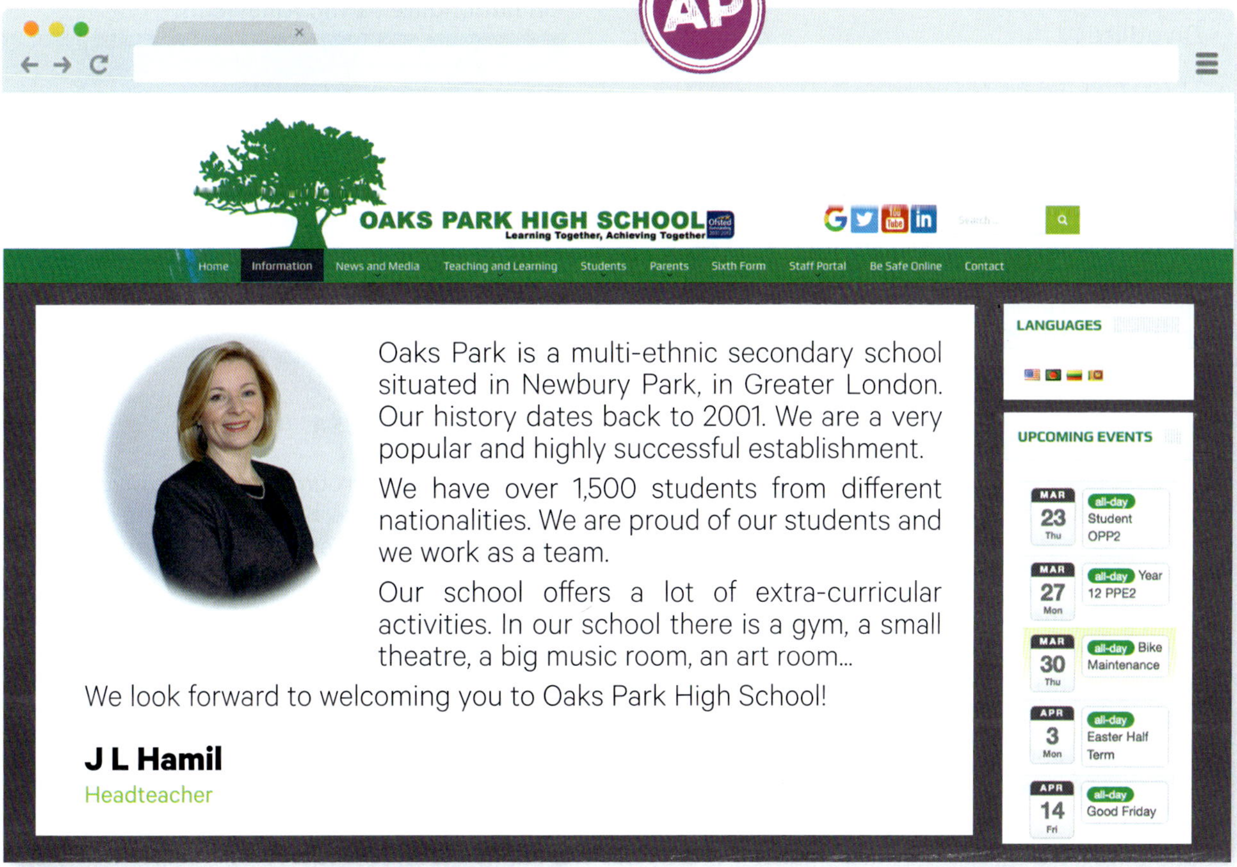

OAKS PARK HIGH SCHOOL
Learning Together, Achieving Together

Home | Information | News and Media | Teaching and Learning | Students | Parents | Sixth Form | Staff Portal | Be Safe Online | Contact

Oaks Park is a multi-ethnic secondary school situated in Newbury Park, in Greater London. Our history dates back to 2001. We are a very popular and highly successful establishment.

We have over 1,500 students from different nationalities. We are proud of our students and we work as a team.

Our school offers a lot of extra-curricular activities. In our school there is a gym, a small theatre, a big music room, an art room...

We look forward to welcoming you to Oaks Park High School!

J L Hamil
Headteacher

LANGUAGES

UPCOMING EVENTS

MAR 23 Thu	all-day Student OPP2
MAR 27 Mon	all-day Year 12 PPE2
MAR 30 Thu	all-day Bike Maintenance
APR 3 Mon	all-day Easter Half Term
APR 14 Fri	all-day Good Friday

Oaks Park High School, **Welcome Page** (2017)

MINI CHALLENGE: A BRITISH SCHOOL

It's Open Day in your British school.
You do the welcome speech. WB p. 19

1. **Imagine** you are a pupil in a British school.
2. **Decide** the name, the location and the number of students of your school.
3. **Complete** the plan of the school that your teacher will give you.
4. **Describe** your new school!

My grammar

→ Banque d'exercices p. 122

1. LES PRONOMS PERSONNELS SUJETS

Les pronoms personnels, dans une phrase, servent à parler de « moi », « toi », « nous », « vous », etc. Ils remplacent un nom ou un prénom, et occupent la fonction de sujet de la phrase.

• On utilise :

- **I** pour parler de « je »,
- **you** pour parler de « tu » ou de « vous »,
- **we** pour parler de « nous ».

En anglais, **you** désigne à la fois la 2e personne du singulier (« tu ») et la 2e personne du pluriel (« vous »). Est-ce la même chose dans d'autres langues ?

2. LES MOTS INTERROGATIFS (1)

WB p. 10

Les mots interrogatifs sont des petits mots qui se placent au début d'une phrase interrogative, et qui commencent presque toujours par les lettres **WH-**. Ils permettent d'interroger sur :

- une chose, une situation (quel nom, quelle nationalité, quelle langue, quels goûts ?) : **What…?**
- une date : **When…?**
- l'âge : **How old…?**
- un lieu : **Where…?**
- une origine : **Where… from?**

1 Utilise ces mots pour construire des questions. Puis, réponds-y. Attention aux majuscules et à la ponctuation !

a. name what is your
b. old you are how
c. are from where you
d. birthday when your is
e. live where you do
f. nationality what your is
g. speak you languages what do

3. LE VERBE BE AU PRÉSENT (1)

WB p. 8

• Le verbe **be** est l'équivalent du verbe « être ». **Be** est un verbe qui permet d'exprimer…

- l'identité : **I am Sarah.**
- l'âge : **I am eleven.**
- l'origine : **I am from the USA.**
- la nationalité : **I am American.**

FORME AFFIRMATIVE		
I	**am**	from Scotland.
You / We	**are**	

• À l'oral, la première lettre du verbe **be** est souvent remplacée par une apostrophe. **I am** devient **I'm**. C'est la même chose pour **you are** et **we are**. Ils deviennent **'re**. On dit que le verbe est « contracté ».

I'm Sarah.
We're from the USA.

• À la forme interrogative, on doit inverser le sujet et **be** : le verbe se place donc au début de la phrase pour poser une question.

FORME INTERROGATIVE		
Am	I	eleven? Chinese?
Are	you / we	

• À la forme négative, on doit ajouter **not** directement après **be**.

FORME NÉGATIVE			
I	**am**	**not**	German. from London.
You / We	**are**		

• À l'oral, la forme négative est souvent contractée : **I am not** devient **I'm not** et **you**/**we are not** devient **you**/**we aren't** /a:nt/.

I'm not Sarah.
We're not from the USA.

• Dans les réponses brèves affirmatives, on ne peut pas contracter les verbes.

RÉPONSES BRÈVES AFFIRMATIVES	
Yes,	I **am**. / we **are**.
RÉPONSES BRÈVES NÉGATIVES	
No,	**I'm not**. / we **aren't**.

2 Transforme ces phrases à la forme contractée.

a. I am Sheena. .....

b. We are from London. .....

c. You are not Italian. .....

d. I am not American. .....

3 Complète le dialogue.

Sharon: Hi!

Paolo: Hi! What's your name?

S: My name's Sharon Cooper. And you?

P: ..... Paolo Ramirez. How old ....?

S: ..... 11.

P: That's funny. ..... both 11!

S: Where are ..... from?

P: Guess!

S: ..... Italian?

P: Yes, ... And you?

S: ..... from England.

Pronunciation ⇢ WB p. 22

Les différentes prononciations de « **th** »

L'accent de phrase

4. L'EXPRESSION DES GOÛTS

WB p. 12

• Pour exprimer ce qu'on aime ou pas, on peut utiliser différents verbes **like** « aimer », **love** « adorer », **hate** « détester » qui sont suivis, au choix, de...

- **to** + base verbale : **I like to play tennis.**
- base verbale + **-ing** : **I like playing tennis.**
- un nom : **I like tennis.**

• Il y a une différence entre **to play** et **playing**. Avec **to play**, on apporte une information nouvelle ; avec **playing** on sait déjà qu'on joue au tennis, mais on insiste sur le fait qu'on aime ça !

• Pour exprimer ce qu'on n'aime pas, on utilise **I don't like**. Pour parler de ce qu'on déteste, on utilise **I hate**.

4 Dis ce que Sheena aime et ce qu'elle n'aime pas (ou déteste). Utilise la 1re personne.

5. LES ARTICLES : A / AN, THE ET L'ARTICLE ZÉRO WB p. 17

Les articles sont des petits mots devant un nom. Ils nous donnent des informations sur ce nom.

• **The** s'utilise pour désigner quelque chose dont on a déjà parlé, ou bien que tout le monde connaît (un peu comme « le / la / les » en français).

This is the cafeteria.
The art room is quite big.

(À l'oral, **the** /ðə/ se prononce /ði/ devant un nom qui commence par un son voyelle.)

• **A / an** s'utilise au singulier, et désigne quelque chose dont on n'a pas encore parlé. L'article **a** devient **an** devant un nom qui commence par un son voyelle.

There is a lab and an art room in my school.

• Il existe aussi un article invisible, qu'on appelle « article zéro ». Il s'utilise pour parler de quelque chose en général.

I love Ø team sports. / I hate Ø classical dance.

Attention au piège ! En anglais, pour parler de quelque chose en général, on ne met pas d'article (Ø = article zéro). Mais que se passe-t-il en français quand on parle d'une généralité ?

6. LES ADJECTIFS POSSESSIFS

WB p. 18

Les adjectifs servent à compléter un nom. Quand ce sont des adjectifs possessifs, ils permettent d'indiquer une relation de possession entre ce nom et une personne.

I	**my**
you	**your**
we	**our**

This is my school.

This is your school.

This is our school.

5 Complète avec l'adjectif possessif qui convient.

Hi! ..... name is Peter and this is ..... friend Alex. We are eleven. We love playing football in ..... school team. And you? What's ..... name?

My vocabulary

J'observe
et je mémorise.

→ Banque d'exercices, p. 122
→ WB p. 20

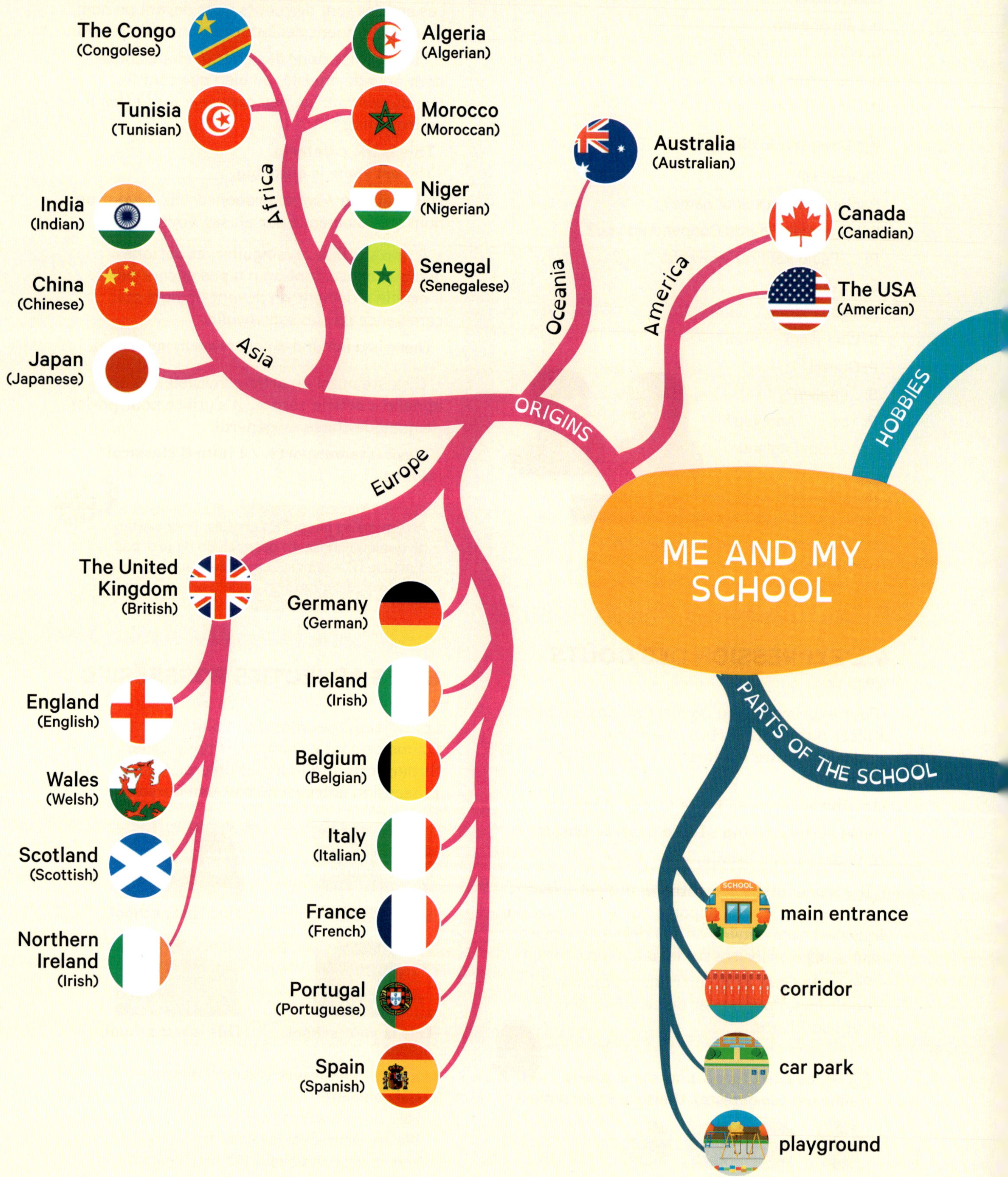

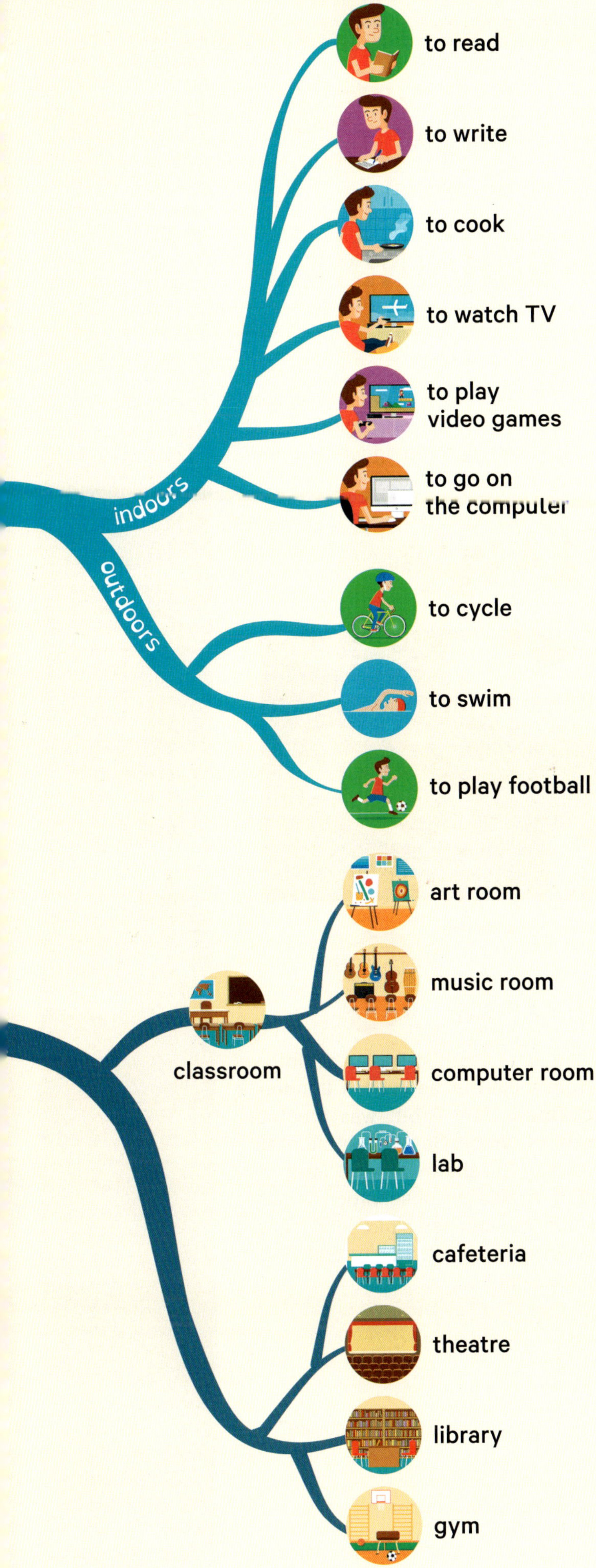

LES PAYS, LES NATIONALITÉS LES LANGUES

1 Regarde les drapeaux pour compléter ces phrases.

a. Hi, I am Christian. I'm from .... .
I live in Melbourne.

b. My name is Petra. I live in Venice. I am .... .

c. Hello! I am Joshua. I'm from .... .
I speak .... and English.

d. I am Jean. I live in Paris but I am not .... .
I am from .... . I speak .... and English.

e. Hello everybody. My name is Said. I'm ....
but I live in .... . I speak Arabic and .... .

2 Trouve l'intrus. Justifie tes réponses.

a. The USA | The United Kingdom | Canada

b. Australia | Portugal | Wales

c. Belgium | Germany | France

d. Italian | Portuguese | Chinese

LES DIFFÉRENTS LIEUX DE L'ÉCOLE

3 Associe chaque activité avec un endroit de l'école.

a. We learn to play the piano in the .... .

b. We play basketball and badminton in the .... .

c. We learn digital skills in the .... .

d. We have lunch in the .... .

e. We borrow books from the .... .

f. We make and then paint handicrafts in the .... .

g. We have drama lessons and attend conferences at the .... .

Create your mind map!
Crée ta propre carte mentale en choisissant les mots qui correspondent à ta présentation (pays, nationalité(s), langues, loisirs...) et à ton collège.

www.theculureblog.emdl

Today I'm writing about Indian culture in London.

PARCOURS D'ÉDUCATION ARTISTIQUE ET CULTURELLE

MULTICULTURAL LONDON: INDIA

DIWALI

In autumn, British Indians in London celebrate the festival of Diwali, with music and dance. It is called 'the festival of lights'. It is one of the major festivals of Hinduism. Spiritually, it represents the victory of light over darkness, good over evil, knowledge over ignorance, and hope over despair.

INDIAN FOOD

London is a very diverse city. People come from Europe, Africa or Asia to live in the city. Many people come from India or Pakistan, and in London you can eat delicious Indian food like "Chicken tikka masala". It is a spicy dish that includes chicken, spices and yogurt. Yummy!

↑ **Chicken Tikka Masala**

↑ Anish Kapoor, **The Orbit Sculpture** (2012)

ANISH KAPOOR

Anish Kapoor is a British-Indian sculptor. He is from India but he lives in London. The sculpture "The Orbit" was created for the 2012 Olympic Games. It is situated in the Queen Elizabeth Olympic Park, in London. It is also an observation tower, from which you can see all London. "The Orbit" is Britain's tallest sculpture at 114.5 metres. Amazing!

YOUR TURN!

1 **Go** on the internet. **Find** international festivals in London. What culture do they celebrate?

YOU ARE AN ARTIST!

Create a poster about multicultural London (festivals, areas, food, artists) in groups.

Other Posts:

- Family Paintings
- Two Very Irish Activities
- Tim Burton's Houses
- London Fashion Design
- I Love Baseball
- New York Skyscrapers
- Scottish Legends

Contributors:

Sheena

Tom

Tara

John

Kirstine

Your challenge

CREATE THE YEARBOOK FOR YOUR CLASS

It's your first day in a new school with new classmates. You start working on a yearbook for your class.

1. **Write** a short presentation of yourself: name, age, birthday, nationality, languages spoken, hobbies...
2. **Write** a brief introduction of the school: name, location, number of students, different parts...
3. **Take a photo** of yourself and of the different parts of your school.
4. **Create** a page with the personal information and another one with the presentation of the school.
5. **Collect** all the pages to start the yearbook that you will complete during the year.
6. **Choose** the best description of the school to be included also in the yearbook.

Alternative numérique

Faites vos présentations sous forme de vidéos puis gravez un DVD. Vous pourrez le regarder lors de votre dernière année de collège.

Welcome to my school, Jules Ferry! It is situated in Versailles.
We are 900 students.
In our school, there is a science lab, a big gym and a beautiful library.

My name's Laura Martin.
I'm eleven.
I'm in Year 7.

I like playing football
I love cooking.
I don't like playing video games.

Pour bien réussir ton défi, fais le point sur ce que tu as appris dans cette unité avec le **CHECK YOUR SKILLS** de ton Workbook (p. 23).

À quoi ressemble
une famille américaine ?

Unit 2
American family

Dans cette unité, nous allons...

- présenter les membres d'une famille,
- décrire physiquement des personnes,
- découvrir des artistes américains,
- présenter différents types de famille.

Your challenge

Créer les personnages d'une famille pour une nouvelle série télévisée américaine.

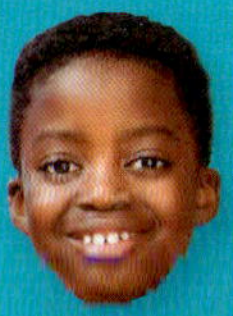

Hi, I'm **TOM**, from New York (USA). In this unit you will learn about American families.

The American TV series Black-ish (2014)

Brooklyn Bridge in New York City

VIDEO

DVD: 04

Lonely Planet, **New York City Guide** (2013)

LET'S GO!

CD: 09

1. **Look at** the TV show poster. **Listen to** Tom's conversation. **Complete** the sentences.
   a. The family has got four... **b.** Andre is...
2. **Watch** the video about New York.
   a. Where is Times Square located? And Central Park?
   b. Name a type of music that comes from NYC.

2. Have you got blue eyes?

Je décris physiquement une personne.

1 **Look** at the poster of this American TV series.
Read the descriptions of some characters.
Underline the information about the physical description. WB p. 29

↑ **Modern Family** (2010)

Claire and Phil have got three children. Claire is slim and she has got long blonde hair and beautiful green eyes.
Manny is the intelligent boy of the family. He's a bit fat and quite tall. He has got dark hair and black eyes.
Mitchell and Cameron have got a young daughter, Lily. Mitchell is slim and he has got red hair and blue eyes.

2 **Listen to** the description of Alex and **complete** it. WB p. 29

CD: 12

a. Her name is Alex and she's .... years old.
b. She's .... and she wears ....
c. She has got .... brown hair and .... eyes.

PÉDAGOGIE DIFFÉRENCIÉE

3 **Write** a description of another character in the TV series.
Your partner **guesses** who he / she is! WB p. 29

LET'S PLAY...

Stand up if you've got brown eyes!

The game of 'Stand up if...'

1. A student **says** a sentence with a physical feature.
2. **Stand up** if it applies to you.

CD: 13
MP3: 08

Vocabulary

chubby /'tʃʌbi/ ≤ **fat:** gros(se)
slim ≤ **thin:** mince

tall /tɔːl/: grand(e)
medium-height /haɪt/: moyen(ne)
short /ʃɔːt/: petit(e)

black/dark hair /heə/

blond(e) hair

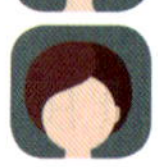
brown hair

red hair

4 **Read** the extract of the famous novel **Little Women**.
Match the descriptions with the girls in the image. WB p. 32

AP

Margaret, the eldest of the four, is sixteen, and very pretty. She has got big eyes, brown hair, a sweet mouth, and white hands.

Fifteen-year-old Jo is very tall and thin. She has got beautiful long brown hair. And she has got big hands and feet.

Elizabeth, or Beth, as everyone calls her, is thirteen. She has got bright eyes, soft hair, a shy manner and a timid voice.

Amy, though the youngest, is a most important person, in her own opinion at least. She has got blue eyes and blonde hair.

Louisa May Alcott, **Little Women** (1868)

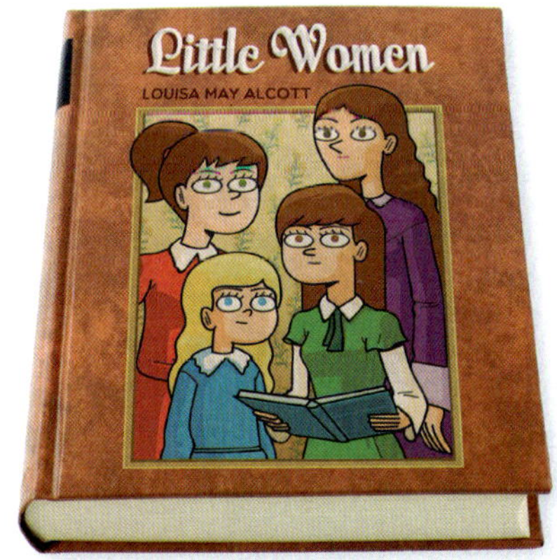

5 **Ask** questions to a classmate about a member of his / her family.
Complete his / her portrait in one minute.
Exchange roles.

- Have you got a sister?
- Yes, I have.

- Is she tall? Has she got...?
- No, she isn't. She's got...

Interroger avec have got et be

She has got blue eyes.	She is tall.
Has she got blue eyes?	Is she tall?
✓ Yes, she has.	✓ Yes, she is.
✗ No, she hasn't.	✗ No, she isn't.

PARCOURS CITOYEN

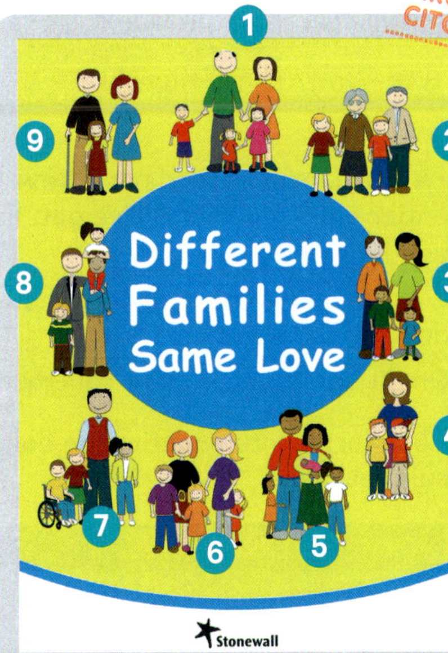

CD: 14
MP3: 09

Types of family

1. **Listen to** Peter describe his family. **Find** it in the poster.

2. **Look at** the poster again. **Explain** the different types of families.

Family 1 has got three children...

MINI CHALLENGE: WHO'S WHO? (Pairwork)

Play 'Who's Who' and guess your partner's character. WB p. 33

1. With the physical elements that your teacher will give you, **invent** a character. **Give** him / her a name.
2. **Hang** all the portraits on the wall.
3. **Ask** questions to identify your partner's character.
4. **Answer** his / her questions.

Has he got...?

Yes, he has.

Is he...?

My grammar

→ Banque d'exercices p. 123

Je comprends et je m'entraîne.

1. LE VERBE HAVE GOT

WB p. 25, 32

• Le verbe **have got** est l'équivalent du verbe « avoir » en français. Il permet d'exprimer :

- la possession (**I have got a computer**),
- les liens familiaux (**I have got a brother**),
- la description physique (**I have got long hair**).

FORME AFFIRMATIVE		
I / You	**have got**	blue eyes. long hair.
He / She / It	**has got**	
We / You / They	**have got**	

• À l'oral, on n'entend pas **I have got** en entier mais seulement **I've got**. Le mot **have** est devenu **'ve**.

C'est la même chose pour **he / she has got** qui devient **he / she's got**.

On dit que le verbe est « contracté ».

• À la forme interrogative, on doit inverser le sujet et **have**.

FORME INTERROGATIVE		
Have	I / you	**got** a brother?
Has	he / she / it	
Have	we / you / they	

• Dans les réponses brèves, on n'utilise pas **got**.

RÉPONSES AFFIRMATIVES (OUI)		
Yes,	I / you	**have.**
	he / she / it	**has.**
	we / you / they	**have.**
RÉPONSES NÉGATIVES (NON)		
No,	I / you	**haven't.**
	he / she / it	**hasn't.**
	we / you / they	**haven't.**

En anglais, on n'emploie pas **have got** mais **be** pour donner son âge.
J'ai 11 ans. = **I'm 11 (years old)**.

Est-ce la même chose dans d'autres langues que tu connais ?

1 Complète avec le verbe have got en faisant attention à bien le conjuguer.

a. ..... you ..... any brothers or sisters?
Yes, I ..... .

b. ..... your sister ..... blue eyes?
Yes, she ..... .

c. ..... your cousins ..... a dog?
No, they ..... .

d. ..... Matt ..... a cousin?
Yes, he ..... .

2 Réécris à la 3e personne du singulier.

Hi! My name is Lucy. I have got a big family. I have got three brothers, Billy, Jim and Scott, and two sisters, Mandy and Carla. I have got a dog and a cat, too. I've got four uncles and five aunts. So I've got 32 cousins!

Her name is Lucy. She...

3 Écris la forme contractée de have got.

a. My aunt has got two brothers. .....
b. I have got a younger sister. .....
c. My grandmother has got three cats. .....
d. My uncle has got two houses. .....

Pronunciation → WB p. 36

Les formes contractées de **have got** et **has got**

2. LE VERBE BE AU PRÉSENT (2)

• Le verbe **be** est l'équivalent du verbe « être ». À la 3e personne du singulier, il devient **is** au masculin et au féminin.

• À l'oral, **is** devient **'s**. On dit que le verbe est « contracté ».

He's my brother.
Mike's my best friend.

FORME AFFIRMATIVE		
He / She	**is** **'s**	my brother / my sister.

• À la forme négative, on doit ajouter **not** après le verbe. À l'oral, **is not** devient **isn't**.

FORME NÉGATIVE		
He / She	**is not** **isn't**	my brother / my sister.

• Pour poser une question, on doit inverser le sujet et **is**.

FORME INTERROGATIVE		
Is	**he / she**	your brother / your sister?

• En plus de **he** et **she**, il existe **it**. C'est un pronom sujet qui n'est ni masculin, ni féminin mais neutre. On l'utilise par exemple pour parler d'objets.

It is a bike.
It isn't a car.

4 Lis le texte. Qui sont les deux garçons sur les photos 1 et 2 ?

1

2

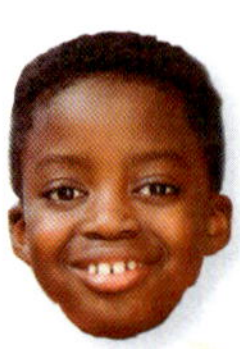

I'm Tom. I've got two best friends: Shawn and Kyle. They are my classmates. Shawn's got two stepbrothers and Kyle's got a sister. Shawn's got dark hair. Kyle's got short blond hair.

Recopie le texte en mettant les verbes à la forme contractée dans leur forme complète.

3. LES ADJECTIFS POSSESSIFS

WB p. 28

• Les adjectifs possessifs sont des petits mots qui se placent devant un nom. Ils permettent d'indiquer à qui appartient un objet. Ils permettent aussi de décrire des liens familiaux.

This is my bike. (= c'est mon vélo)

Kev is my cousin. (= c'est mon cousin)

I	**my**
you	**your**
he she	**his** **her**

Attention ! À la 3e personne du singulier, l'adjectif possessif est différent si le possesseur est masculin (**his father**) ou féminin (**her father**).

6 Complète avec un adjectif possessif.

a. I have got a cousin. ..... name is Joe.

b. My favourite actress is Emma Watson. I love ..... films.

c. ..... family is very small. I haven't got a brother or a sister.

d. Are you American? I like ..... accent.

Traduis en anglais : « ma sœur », « mon oncle », « mes grands-parents ». Que remarques-tu par rapport au français ?

4. LA PLACE DES ADJECTIFS

WB p. 30

• Un adjectif apporte des précisions sur un nom. En anglais, l'adjectif se place avant le nom.

an intelligent girl → (une fille intelligente)

an intelligent boy → (un garçon intelligent)

Regarde les adjectifs dans les exemples ci-dessus. Est-ce qu'ils s'accordent de la même façon qu'en français ?

5 Traduis les phrases suivantes.

a. Mon frère est un garçon intelligent.

b. Mathieu a une grande famille.

c. Claire a les yeux verts.

d. Ils ont deux chats noirs.

e. Ma demi-sœur a les cheveux blonds.

My vocabulary

→ Banque d'exercices, p. 123
→ WB p. 34

J'observe et je mémorise.

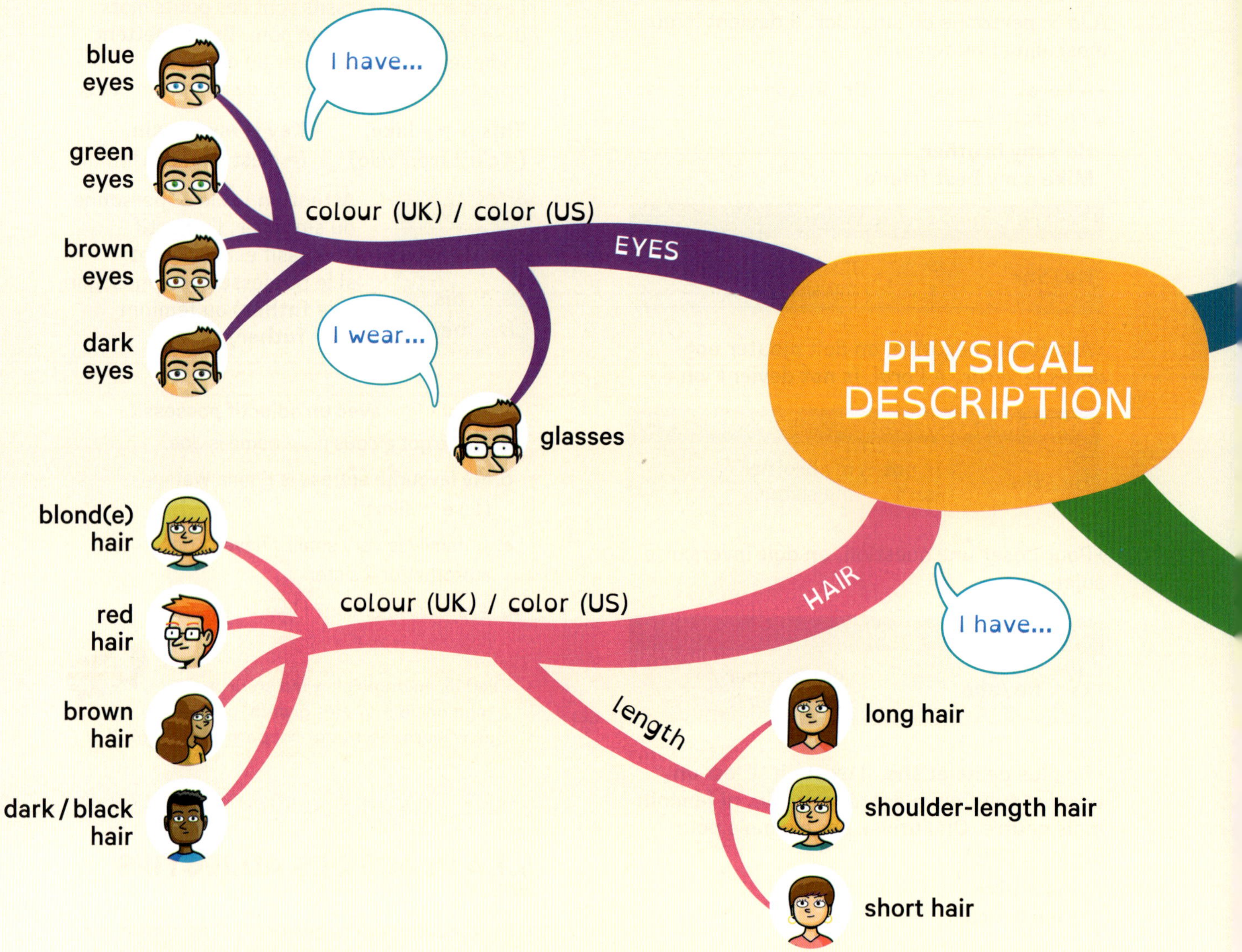

FAMILY MEMBERS

grandparents

- a grandmother
- a grandfather

parents

- a mother
- a father

parents' siblings

- an aunt
- an uncle

after one parent remarries

- a stepmother
- a stepfather

children

my siblings

- a sister (or twin sister)
- a brother (or twin brother)

my uncle and aunt's children

- a cousin
- a cousin

siblings after one parent remarries

- a half-sister
- a half-brother

Pronunciation → WB p. 36

Le son /ɪ/ et la diphtongue /aɪ/

I am...

HEIGHT

(very) tall

(of) medium-height

(quite) short

short medium-height tall

I am...

BUILD

fat

chubby

slim

thin

thin / slim chubby / fat

Who am I?

I'm my grandparents'

granddaughter

grandson

I'm my parents'

daughter

son

I'm my uncle and aunt's

niece

nephew

I'm my stepmother's

stepdaughter

stepson

LA FAMILLE

1 Complète **ces phrases sur la famille Simpson**

a. Abraham is the .... .

b. Lisa has got a .... and a .... , Maggie.

c. Selma has got two .... : Marge and Patty.

d. Homer and Marge have got three .... .

e. Marge has got two .... : Patty and Selma.

f. Abraham has got one .... , Bart, and two .... , Lisa and Maggie.

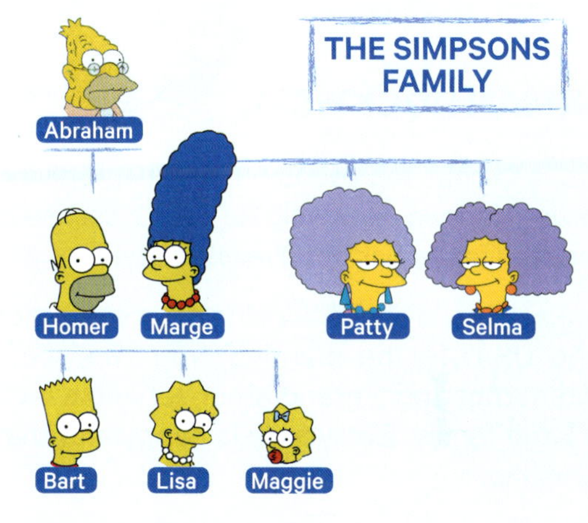

LA DESCRIPTION PHYSIQUE

2 **Qui est qui ?**

a. Lois is slim and she's got short, red hair.

b. Peter is fat and he's got short, brown hair.

c. Meg's got shoulder-length, brown hair. She isn't very tall. She wears glasses.

d. Stewie is short.

e. Brian is an intelligent dog with a big nose.

f. Chris is a bit fat and he's got long, blond hair.

↑ **Family Guy** (2014)

Create your mind map!

Crée ta propre carte mentale en choisissant les mots qui te décrivent le mieux : ton aspect physique, ta famille...

www.thecultureblog.emdl

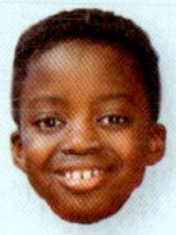

Today I'm writing about two family paintings by two great artists from the state of Massachusetts.

PARCOURS D'ÉDUCATION ARTISTIQUE ET CULTURELLE

FAMILY PAINTINGS

NORMAN ROCKWELL

This is a famous representation of Thanksgiving, by artist Norman Rockwell. He paints scenes of American life. He has got a realistic style.

Thanksgiving is a traditional family celebration in the USA. In the painting, you can see a grandmother and a grandfather serving a meal to a large family. Everybody is happy and they are smiling.

Freedom From Want (1943)

Christmas Family Gathering (1950-1955)

LOIS MAILOU JONES

This painting represents an African American family at Christmas. We can see a family of nine people. They are in a small room. The father is playing the banjo and everybody is singing.

The artist is Lois Mailou Jones. She paints African American people and she loves colors!

YOUR TURN!

1. **Read** the texts. **Look at** the paintings. **Find** differences between them.
2. **Imagine** you are a member of one of the families. **Describe** "your" family to your partner.

YOU ARE AN ARTIST!

Look for a parody of Rockwell's painting on the Internet.
Invent your own parody with photos of your family, friends...

Other Posts:

- Multicultural London: India
- Two Very Irish Activities
- Tim Burton's Houses
- London Fashion Design
- I Love Baseball
- New York Skyscrapers
- Scottish Legends

Contributors:

Sheena

Tom

Tara

John

Kirstine

Your challenge

CREATE THE CHARACTERS FOR A NEW AMERICAN TV SERIES

You are a TV scriptwriter for a new American comedy series.

1. **Think about** the characters and **draw** the family tree.
2. **Write** a description for each member of the family.
3. **Think about** a title for your series.
4. **Present** your characters. You can use pictures or drawings.
5. The class **chooses** the funniest family.

Alternative numérique

Tu peux utiliser un diaporama pour présenter les membres de ta famille et le titre de ta série.

Pour bien réussir ton défi, fais le point sur ce que tu as appris dans cette unité avec le **CHECK YOUR SKILLS** de ton Workbook (p. 37).

AP

Comment bien lire une consigne ?

La consigne d'une activité me donne les règles du jeu auquel je vais jouer. Si je sais la lire et la comprendre correctement, j'ai de grandes chances de gagner à tous les coups ! Voici quelques conseils pour y parvenir.

1. Je trouve le verbe !

Tu as déjà dû t'en rendre compte : les consignes que l'on te donne sont un peu toujours les mêmes, et en général l'information essentielle se trouve dans le verbe.

Pour ton cours d'anglais, mais aussi pour les autres cours, tu peux donc te fabriquer un petit carnet de « verbes de consignes » en plusieurs langues. Tu pourras ainsi mémoriser ces verbes parfaitement et comprendre les consignes plus rapidement.

Ce mini-carnet peut trouver sa place dans ton carnet de correspondance ou bien dans ton cahier de brouillon, afin que tu l'aies tous les jours avec toi. Si tu y ajoutes des illustrations, tu retiendras les verbes encore plus facilement ! Tu peux t'inspirer de la page « Les consignes de ton manuel » qui se trouve au début de ton livre, ou bien laisser libre cours à ton imagination et à tes talents créatifs !

2. Je tends l'oreille et j'ouvre l'œil !

La plupart du temps, si une consigne n'est pas bien comprise, c'est parce qu'on n'a pas été assez attentif(ive) en classe. Si tu bavardes, si tu n'écoutes pas bien ce que dit ton (ta) professeur(e), alors c'est plus difficile et tu dois redemander des explications, encore et encore ! En classe, donc, un seul mot d'ordre : concentre-toi !

3. Je me mets dans la tête de l'autre…

Avant de commencer quoi que ce soit, réfléchis à ce qu'attend ton (ta) professeur(e) en te donnant cette consigne. Quel est l'objectif poursuivi ? Est-ce qu'il y a un projet à accomplir à la fin de la séquence de cours, et quel est le rapport avec ce que tu fais aujourd'hui ?

Quand tu comprends dès le départ la forme et le contenu du résultat qui est attendu, c'est beaucoup plus facile car tu n'as plus qu'à t'organiser pour réaliser ton travail !

À TOI DE JOUER !

1 **Crée** ton carnet de « verbes de consignes »!

a. Pour commencer, **note** dans ton carnet les verbes ci-dessous, que tu rencontreras sûrement cette année en anglais. Tu pourras en **ajouter** d'autres au fur et à mesure que tu en trouveras.

Look – Tick – Complete – Choose – Pick – Highlight – Listen – Underline – Match – Copy – Draw – Circle – Glue – Stick – Reorder – Count – Colour – Read – Find – Fill in – Answer the question – Write – Speak

b. À côté de chaque verbe, **note** le sens qu'il a en français, voire dans une autre langue que tu étudies.

c. Pour finir, pense à **illustrer** chacun de ces verbes !

AP

Comment distinguer le vrai du faux ?

Face à une information ou un événement nouveau, il est facile de croire les rumeurs ou de se raccrocher à des clichés. Heureusement, on peut apprendre à se forger sa propre opinion ! Voici comment faire.

1. Je reste en veille !

Être curieux(euse) en toute circonstance t'aide à faire le tri entre la vérité et le mensonge. Il faut chercher des détails, des faits dans différents documents (en variant les sources) pour sélectionner les informations fiables et ne pas te laisser mener par le bout du nez.

2. Qui parle ?

Connaître l'auteur(e) d'une information permet de mieux comprendre son intention. Prenons l'exemple d'une voiture. Un(e) vendeur(euse) la présentera comme un objet indispensable, un(e) écologiste évoquera d'abord ses dangers et toi, tu parleras peut-être de son utilité quand il pleut. C'est pourtant le même objet ! Si tu sais qui parle, tu sais quelle confiance accorder à l'information.

3. Je reformule !

Pour vérifier que tu as compris, répète, reformule et explique l'information. Prends aussi le temps d'indiquer d'où elle vient.

4. Je réfléchis et j'évalue

Tu as compris l'information. Mais sais-tu distinguer un fait d'une opinion ? Un fait est objectif, c'est-à-dire qu'il est le même pour tous, alors qu'une opinion est subjective, c'est-à-dire variable selon les gens. À quelle catégorie appartient ton information ?

5. Attention aux simplifications !

Quand on résume une idée complexe, on a l'impression de mieux la comprendre. Mais attention ! Simplifier, c'est réduire pour choisir ce qui nous semble important, mais c'est aussi effacer certaines informations. Cela peut donc favoriser les clichés ou les préjugés.

6. Je sors des cases !

Répéter des idées toutes faites sans les vérifier, c'est facile. Mais quand tu les partages, tu deviens responsable de leurs conséquences. Pourquoi risquer de causer des angoisses à d'autres ? Colère ou peur ne font de bien ni à ceux qui les vivent, ni à ceux qui les causent. Vérifier qu'on connaît vraiment un sujet évite de susciter des émotions négatives et de se ridiculiser par le « copier-coller » d'un cliché.

Comment ça marche ? Le cerveau humain aime la logique, il cherche donc toujours des explications immédiates. Mais souvent, la réalité est complexe et il faut accepter de ne pas avoir d'explications toutes faites ! C'est une bonne démarche de scientifique.

À TOI DE JOUER !

1 **Observe** l'article. Quelle est ta première réaction face à la photo ?

2 Quand tu **lis** le texte, comment **expliques**-tu la taille de ce chat ?

3 Après réflexion, d'où vient cette image ? Et d'où vient ce texte ?

4 Peux-tu **vérifier** ce qui est affirmé ? Une suggestion : **tape** « **Snowball monster cat hoax** » dans un moteur de recherche pour vérifier que ce n'est pas un canular (**a hoax**).

The cat of the family

Can you believe the size of this cat?! 'Snowball' is a monster cat owned by Rodger Degagne of Ottawa, Canada. Mr. Degagne adopted Snowball's mother (a normal-sized cat) after finding her abandoned near a Canadian nuclear lab. She later gave birth to Snowball, who grew into the oversized, 87-pound cat which you can see into Mr. Degagne's arms.

Quel est le quotidien des jeunes Irlandais ?

Unit 3
My week

→ Dans cette unité, nous allons…

- parler de nos activités quotidiennes et de notre emploi du temps,
- parler de nos loisirs,
- découvrir deux activités typiquement irlandaises,
- parler des écoles inclusives.

Your challenge

Présenter l'une de tes journées types à Tara dans un diaporama.

I'm **TARA**, from Dublin (Ireland). In this unit you will learn about the everyday life of Irish students.

John
Hi Tara! How are you? 12:22

Tara
A bit tired.
But hey, it's Wednesday already! 12:23

John
👍 What classes do you have tomorrow? 12:23

Tara
I have Art and Drama, my two favourite subjects. 😀 12:23

John
I hate Drama... ☹️ My favourite subject is Maths. 12:25

Tara
Hey John, I have to go. I have a tap dancing class in 20 minutes. 12:25

John
Tap dancing? Sounds cool. Have fun! 12:26

Tara
Thank you. You too! 12:26

↑ Grafton Street in Dublin

↑ AMae TV, **Top 10 Things To Do In Dublin** (2015)

LET'S GO!

1. **Read** the conversation. **Answer** these questions:
   - a. What day is it?
   - b. What subjects does Tara have tomorrow?
   - c. Does Tara like Drama?
   - d. What subject does John like?
2. **Watch** the video and **write down** five things you can do in Dublin.

1. Wake up!

Je parle de mes activités quotidiennes et de mon emploi du temps.

1 **Watch** the video about Bethany's morning routine.
Put the activities in the right order.
Identify three activities that she doesn't mention. WB p. 38

CD: 15
MP3: 10

AP

VIDEO

DVD: 07

Bethany Leigh, **School Morning Routine** (2015)

- have a shower
- do my hair
- get up
- pack my bag
- wake up
- wash my face
- brush my teeth
- make my bed
- leave home
- check my phone
- get dressed
- eat / have breakfast

2 What do you do in the morning? **Tell** your classmates.
Include one activity you don't do.

In the morning, first I get up, then...
Afterwards, I...
But I don't...

CD: 16
MP3: 11

Vocabulary

first /fɜːst/: d'abord
then: puis
afterwards /ˈɑːftəwədz/: après
finally: finalement

3 **Write** two things that your classmates do and one thing they don't.

Paul gets dressed first and then...
Isabelle has a shower first...

Le présent simple

I **make** my bed.
≠ I **don't make** my bed.
She make**s** her bed.
≠ She **doesn't make** her bed.

LET'S PLAY...

The fortune teller game (Pairwork)

1. **Make** a paper fortune teller using the sheet your teacher will give you.
2. **Draw** daily activities.
3. Student A **says** a number.
4. Student B **shows** him / her the picture for that number.
5. Student A **says** what activity the picture shows.

4 **Look at** Tara's school timetable.
Correct the sentences.

a. On Wednesdays, she has History at 10 am.
b. She has lunch everyday at noon.
c. At 11 am on Mondays she has Music.

Did you know?
In Home Economics we learn how to do practical activities like cooking, sewing, etc.

	MONDAY	TUESDAY	WEDNESDAY	THURSDAY	FRIDAY
08:40-09:20	History	Religious Education	French	French	Maths
09:20-10:00	Business Studies	Business Studies	History	Civic, Social & Political Education	Science & Natural Studies
10:00-10:40	Music	Maths	Religious Education	English	English
BREAK					
11:05-11:45	Science & Natural Studies	Home Economics	English	Art	Social, Personal & Health Education
11:45-12:25	Science & Natural Studies	Home Economics	Music	Art	Geography
12:25-13:00	English	Business Studies	English	Geography	English
LUNCH					
13:40-14:20	English	Geography	PE	History	PE
14:20-15:00	Music	English	Business Studies	Drama	PE
15:00-15:40	Maths	Science & Natural Studies		Maths	IT

Notre-Dame Secondary School, Dublin, **Sixth Class Timetable** (2016-2017)

5 **Compare** your timetable with Tara's. WB p. 41

Tara starts school at... but we start at...
She has Business studies but we don't.
She doesn't have...

CD: 17
MP3: 12

Vocabulary
- **Art**
- **Drama** /'drɑːmə/
- **IT (Information Technology)**
- **PE (Physical Education)**

6 **Listen to** Tara.
Guess her favourite school day. WB p. 40

CD: 18

PÉDAGOGIE DIFFÉRENCIÉE

LET'S PLAY...

The timetable game (Pair work)
1. **Look at** your timetable.
2. Student A **says** a day and an hour.
3. Student B **guesses** the subject.

On Wednesdays at 10 we have...

Maths!

Les expressions de temps
On Mondays
Fridays...
At seven o'clock
eight thirty...
In the morning
the afternoon
the evening...

MINI CHALLENGE: A PERFECT DAY AT SCHOOL

You present a new timetable for your class. WB p. 42

1. **List** your favourite subjects (at least five).
2. **Invent** your perfect timetable for a day.
3. **Present** your timetable.

I start at 10 am. First, I have 2 hours of... Then...

2. I play Gaelic football

Je parle de mes loisirs.

Did you know?

Irish, or Gaelic, is an official language of the Republic of Ireland, with English.

1 Look at these logos of school clubs in Dublin.
Read the texts.
Match each student with the corresponding club. WB p. 43

1 writing.ie

2 Tempo Music School Dublin

3 The Gaiety School of Acting – The National Theatre School of Ireland

4 MyArt School of Dance & Art

5 Chaney Farrell Academy of Irish Dance

6

↑ Logos of real school clubs in Dublin

I love literature and films. On Friday evenings, I go to a drama club with my brother. We want to be professional actors!

Callum

I love reading books and writing poems. On Wednesdays, I always go to a club to learn how to write.

Sophie

In my free time, I do Irish dancing twice a week. I love it! I also like surfing the Net at home.

Tara

In the evening, I usually play e-sports, and once a week, I practise with my Gaelic football team.

Aidan

2 Do you have anything in common with them?
Talk about what you do in your free time.

In my free time sometimes I play rugby...
I usually surf the Net, like Tara.

Les adverbes de fréquence	
always: toujours	**sometimes:** parfois
usually: d'habitude	**never:** jamais

LET'S PLAY...

The truth game

1. Write three activities you do in your free time: two are true but one is false.
2. Read them aloud.
3. The others guess the false one.

I play the guitar, I learn Greek and...

False! You don't play the guitar. You play the piano!

Vocabulary

CD: 19
MP3: 13

- **to chat with my friends**
- **to cook** /kʊk/: cuisiner
- **to do football / tennis training**
- **to draw** /drɔː/: dessiner
- **to go to dance / drama classes**
- **to listen to music** /ˈmjuːzɪk/ / **the radio...** /ˈreɪdiəʊ/
- **to play the violin** /vaɪəˈlɪn/ / **the guitar...**
- **to play video games**
- **to read a book** /bʊk/
- **to sing:** chanter
- **to speak** /spiːk/ **a foreign language** /ˈfɒrən ˈlæŋgwɪdʒ/: parler une langue étrangère
- **to surf** /sɜːf/ **the Internet** /ˈɪntənet/: naviguer sur Internet
- **to watch films / TV / videos**
- **to write** /raɪt/

3 **Read** an interview with a young Irish dancer. What do you learn about Jean? WB p. 45

AP

A SUCCESSFUL GIRL

From the outside, Jean Kennedy seems like an ordinary girl, but the medals (she placed third in the Irish Dancing World Championship) tell a different story. In this interview, we chat about normal teenage things: friends, college (Jean is studying Biology and teaching PE in Dublin City University), family and boyfriends.

I: How often do you practise?
J: I go to dance classes every week, but when I prepare for a championship it's much more than that. I spend hours just on one dance.

I: Does performing stop you from doing other things?
J: Yes, it does, a little, but to be honest, I like it that way. My social life is based around my dancing friends, because we're often together and share the same interests.

I: What advice do you have for young dancers?
J: I think young people spend too much time on the social networks and the Internet. You should focus on yourself, and build on your character to be a nicer person.

Siún Lennon, **Interview: Jean Kennedy, Irish Dancing World Champion** (2015)

PARCOURS SANTÉ

A happy life

1. **Look at** the picture.
   a. **Name** three activities you can do to have a healthy body.
   b. **Name** three activities you can do to have a healthy mind.

Action For Happiness (2015)

Les mots interrogatifs

What...?: Que... / Quoi... ?
What time...?: À quelle heure... ?
When...?: Quand... ?
How...?: Comment... ?
How often...?: À quelle fréquence... ?

Les questions

Do you...?: Est-ce que tu... ?

✓ Yes, I **do**. / ✗ No, I **don't**.
✓ Yes, he **does**. / ✗ No, he **doesn't**.
✓ Yes, we **do**. / ✗ No, we **don't**.

MINI CHALLENGE: A CLASS SURVEY (Pairwork)

You do a class survey to find out if your class is more sporty or more artistic. WB p. 47

1. **Ask** and **answer** questions about sports and art. **Take notes.**
2. **Fill in** a table: the sports / artistic activities that your classmates practise, and how often.
3. **Explain** your findings to the class.
4. Is the class more sporty or more artistic?

My grammar → Banque d'exercices p. 124

Je comprends et je m'entraîne.

1. LE PRÉSENT SIMPLE WB p. 39

Le présent simple est un temps qui permet de donner des informations sur ce qui se passe, sur ce que font des personnes. Le présent simple permet d'informer simplement sur une situation ou une action.

• Pour conjuguer au présent simple, on emploie simplement la base verbale. Attention, à la 3e personne du singulier on y ajoute un **-s**.

I sing in a choir. → She sings in a choir.

- Si la base verbale se termine par **-o**, **-s**, **-z**, **-ch** ou **-sh**, , alors on ajoute **-es**.

Tara goes to the tap dance club once a week.

- Si la base verbale se termine par un **-y** (**study**), alors on le transforme en **i + es**.

She studies Irish at school.

• Pour les formes interrogatives, négatives et les réponses brèves, on utilise l'auxiliaire **do** sauf à la 3e personne du singulier où on utilise **does**.

FORME AFFIRMATIVE		
I / You / We	**dance**	on Mondays.
He / She	**dances**	

FORME NÉGATIVE		
I / You / We	**don't**	**dance** on Mondays.
He / She	**doesn't**	

FORME INTERROGATIVE		
Do	I / you / we	**dance** on Mondays?
Does	he / she	

RÉPONSES AFFIRMATIVES (OUI)		
Yes,	I / you / we	**do.**
	he / she	**does.**

RÉPONSES NÉGATIVES (NON)		
No,	I / you / we	**don't.**
	he / she	**doesn't.**

Pronunciation → WB p. 50
« **-s** » et « **-es** » à la 3e personne du singulier
L'accent de phrase

• L'ordre des mots dans la phrase dépend de la forme de la phrase :

- à la forme affirmative :

She surfs the Net.

sujet + verbe + complément

- à la forme négative :

She doesn't surf the Net.

sujet + auxiliaire + **not** + verbe + complément

- à la forme interrogative :

Does she surf the Net?

auxiliaire + sujet + verbe + complément

- quand il y a un mot interrogatif :

When does she surf the Net?

mot interrogatif + auxiliaire + sujet + verbe + complément

En anglais, au présent simple, le verbe prend une terminaison seulement à la 3e personne du singulier et seulement à la forme affirmative. Aux autres formes, c'est l'auxiliaire qui la porte ! Et en français ?

1 Conjugue les verbes entre parenthèses au présent simple.

1. You ..... at six o'clock in the morning. (get up)
2. Tara ..... Home Economics at school. (study)
3. We ..... school at 4:30 pm in France. (finish)
4. You ..... TV in the evening. (watch)
5. Tara ..... Irish dancing. (do)
6. Megan ..... gaelic football. (play)

2 Transforme les phrases ci-dessus à la forme négative, puis à la forme interrogative.

1. ....
2. ....
3. ....
4. ....
5. ....
6. ....

2. LES EXPRESSIONS DE TEMPS

WB p. 42

Pour situer une action dans le temps, on utilise **on**, **at** et **in**, qui sont des « prépositions ».

- **on** + jour de la semaine :
  On Wednesdays, I play rugby with my friends.
- **at** + heure :
  Tara gets up at 7 o'clock.
- **in** + moment de la journée :
  I usually do my homework in the evening.

3 Complète ces phrases avec les prépositions qui conviennent.

At school, Tara has lunch ..... one o'clock. ..... Wednesday, she finishes ..... 3 o'clock ..... the afternoon. She studies French ..... Wednesday and Thursday ..... 8:40 am.

3. LES ADVERBES DE FRÉQUENCE

WB p. 43

Pour dire que quelque chose se passe soit toujours, soit d'habitude, soit souvent, soit jamais, on utilise les adverbes de fréquence. Ils se placent généralement *avant* le verbe (sauf avec **be** où ils se placent *après*).

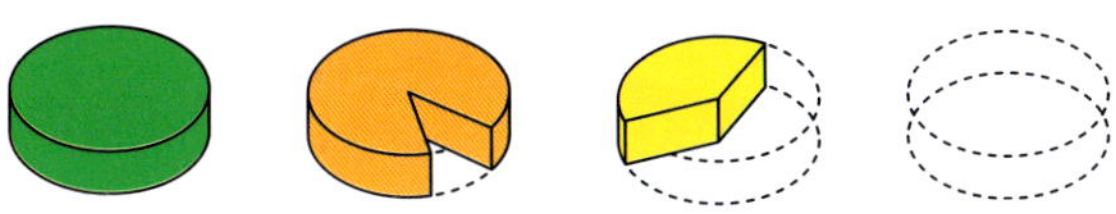

always **usually** **sometimes** **never**

I always chat with my friends.
I usually listen to music on my way to school.
I sometimes do my homework in the evening.
I never watch TV.

4 Place les adverbes dans les phrases.

(always) On Tuesdays after school, Sean has extra coaching in Maths. (usually) After that, he plays the saxophone. (sometimes) In his free time, he surfs the net. (always) During the week, Sean is with his friend Tom. They get on very well!

4. LES MOTS INTERROGATIFS (2)

WB p. 46

Les mots interrogatifs se placent toujours en début de question.

What?	Quel(le)(s) ?
What time?	À quelle heure ?
When?	Quand ?
How often?	À quelle fréquence ?
Where?	Où ?

- On utilise **what time** quand on se renseigne sur une heure.

- On utilise **when** quand on se renseigne sur un jour ou un moment de la journée :
  - **When do you go to the acting club?**
  - **In the afternoon, on Mondays.**
- On utilise **how often** quand on se renseigne sur la fréquence d'une activité :
  - **How often do you play rugby?**
  - **Never.**

5 Trouve la question.

1. .....? I do my homework **every day**.
2. .....? I finish school **at 4:30 pm** on Tuesday.
3. .....? I **go to the cinema** on Sunday.
4. .....? I have lunch at school **on Friday**.
5. .....? I usually do my homework **in my room**.

En anglais, les mots interrogatifs contiennent tous les lettres **W** et **H** (**when**, **what**...). Et en français, quelles lettres retrouve-t-on le plus souvent ?

My vocabulary

J'observe et je mémorise.

→ Banque d'exercices, p. 124
→ WB p. 48

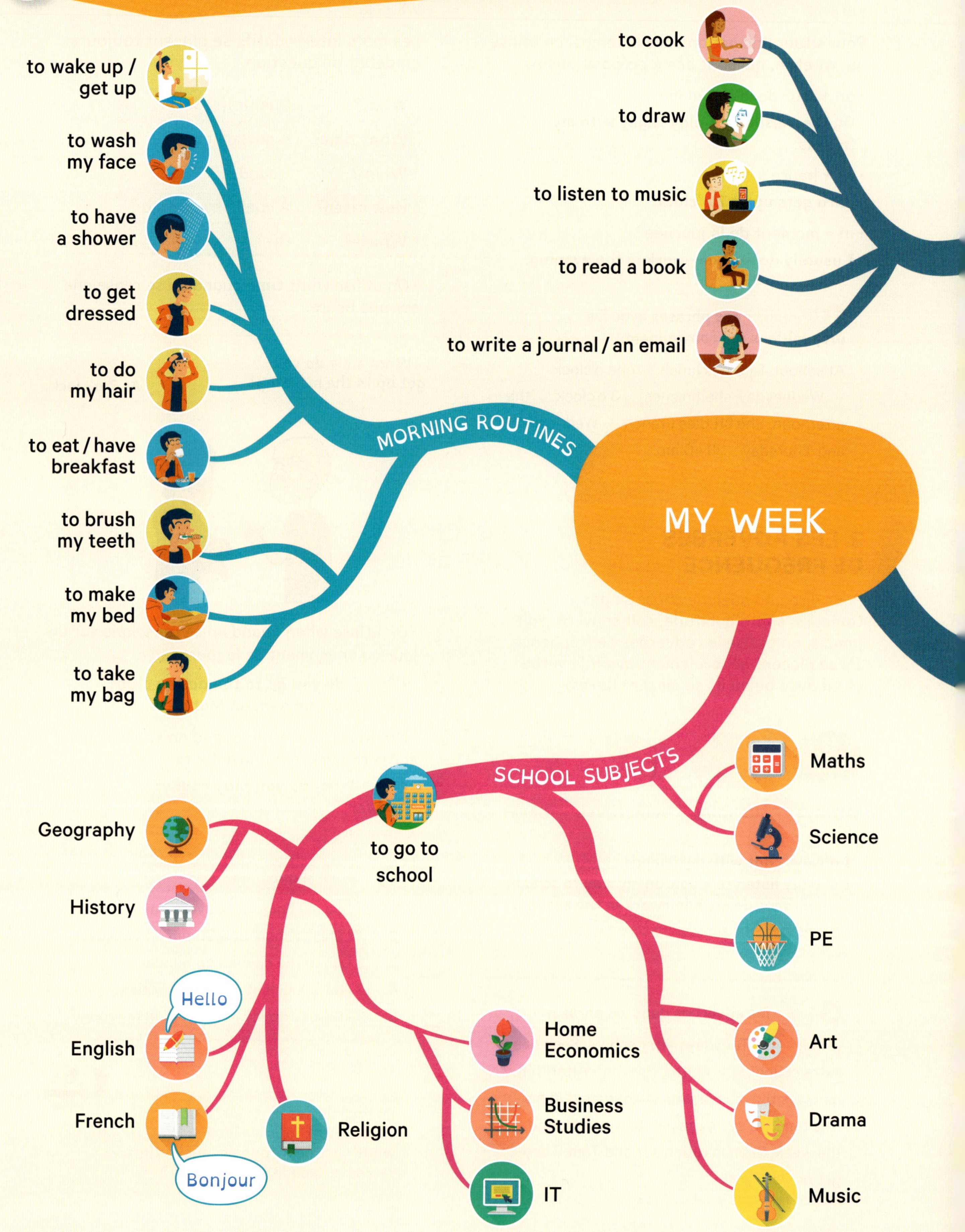

Pronunciation ⇢ WB p. 50
L'ensemble « **ea** »

LES MATIÈRES SCOLAIRES

1 Associe les matières aux photos correspondantes.

Geography | IT | Home economics | PE | Music | Art | Maths

LES ACTIVITÉS DE LOISIRS

2 Pense à des activités que tu peux faire…

a. avec un ordinateur : ....
b. à la cuisine : ....
c. avec un ami : ....
d. seul : ....
e. avec une tablette : ....
f. avec un stylo : ....
g. avec des écouteurs : ....

3 Dis trois choses que tu fais souvent, trois choses que tu fais parfois et trois choses que tu ne fais jamais.

a. always: ....
b. sometimes: ....
c. never: ....

Create your mind map!
Crée ta propre carte mentale en choisissant les mots qui décrivent ton école, tes matières, tes activités quotidiennes et tes activités de loisir.

Today I'm writing about two very Irish activities. Ireland is a country where traditions are very important.

PARCOURS D'ÉDUCATION ARTISTIQUE ET CULTURELLE

TWO VERY IRISH ACTIVITIES

Final Game of the National Football League

Girls doing Irish Dancing in Dublin

GAELIC FOOTBALL

Gaelic football is one of the most popular sports in Ireland. This game is played between two teams of 15 players with a round ball.

The aim is to score by kicking or punching the ball into the other team's goals (3 points) or between two posts above the goals (1 point). Girls can play too! Join the Gaelic4Girls team!

IRISH DANCING

Irish dancing is a Celtic tradition. In Ireland, people like to invite friends to play music, dance and tell stories. Today, Irish boys and girls carry on the tradition of Irish step dancing. In this dance, the feet make quick and precise movements but the arms don't move. You can dance solo or in groups. The costumes are usually very colourful and bright. There are national and international championship competitions.

YOUR TURN!

1 **Read** the texts. **Look at** the pictures. What's your favourite Irish activity?

YOU ARE AN ARTIST!

Create a logo to represent a new Gaelic football team or an Irish dancing club.

Other Posts:

- Multicultural London: India
- Family Paintings
- Tim Burton's Houses
- London Fashion Design
- I Love Baseball
- New York Skyscrapers
- Scottish Legends

Contributors:

Sheena

Tom

Tara

John

Kirstine

Your challenge

PRESENT YOUR DAY TO YOUR IRISH FRIEND

Tara wants to know about a typical school day in France.

1. **Think about** what you do on a normal school day.
2. **Find** pictures representing the activities.
3. **Create** a slideshow with pictures to illustrate your day.
4. **Prepare** a short text for each picture.
5. **Present** your day. The class will **choose** the best presentation for Tara.

Alternative numérique

Comme Bethany (p. 46), tourne une vidéo pour montrer ce que tu fais habituellement dans une journée.

Pour bien réussir ton défi, fais le point sur ce que tu as appris dans cette unité avec le **CHECK YOUR SKILLS** de ton Workbook (p. 51).

Unit 4
Home, sweet home

À quoi ressemblent les maisons et la vie domestique dans les dessins animés américains ?

Dans cette unité, nous allons...

- décrire une maison américaine,
- parler de ma chambre et des tâches ménagères,
- parler de l'égalité hommes-femmes,
- découvrir un cinéaste américain.

Your challenge

Imaginer une maison et une famille très spéciales pour le prochain film de Tim Burton.

Hi, I'm **JOHN**, from Los Angeles, California. In this unit you will learn about American houses.

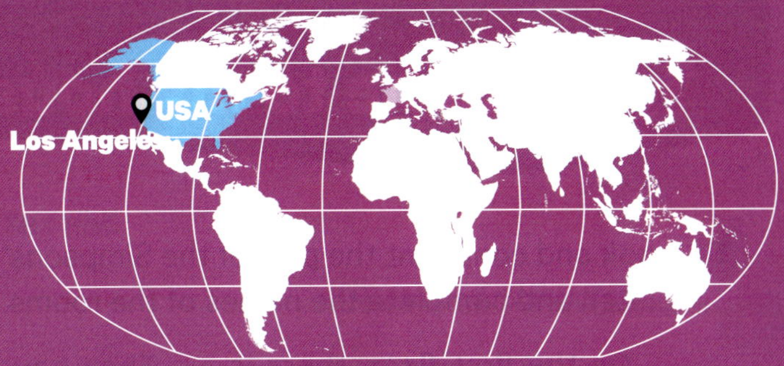

Residential Neighborhood in Los Angeles, California

VIDEO

DVD: 08

Watchmojo, **Travel Guide: Los Angeles** (2012)

LET'S GO!

CD: 20

1. **Listen to** the Skype conversation. **Complete** the sentences.
   a. John has a big ... in front of his house.
   b. His house is very ...
   c. There are ... bedrooms.
2. **Watch** the video about Los Angeles. **Name** some activities you can do in L.A.

2. Home rules

Je parle de ma chambre et des tâches ménagères.

1 **Look at** these famous cartoon characters at home. **Describe** what they do and where. WB p. 57

PÉDAGOGIE DIFFÉRENCIÉE

Violeta Parr reads and... in the...

Violeta Parr, **The Incredibles** (2004)

Remy, **Ratatouille** (2007)

Pongo and his family, **101 Dalmatians** (1996)

Children, **Toy Story 3** (2010)

Vocabulary CD: 26 MP3: 17

- **to cook**
- **to do the homework** /ˈhəʊmwɜːk/: faire ses devoirs
- **to eat** /iːt/ **my meals** /miːlz/: prendre mes repas
- **to go on the computer**
- **to hang out** /hæŋ aʊt/ **with friends:** sortir avec des ami(e)s
- **to have a bath:** prendre un bain
- **to have breakfast**
- **to listen to music**
- **to read**
- **to sleep** /sliːp/: dormir
- **to study** /ˈstʌdi/: étudier
- **to watch TV**

2 **a. Describe** Andy's room.
b. Read the poem. What is there in her favourite room? What does she do there?
c. Write the first stanza of a poem about your favourite room. WB p. 59

AP

My favourite place is my desk because
I love drawing...

Andy's room, **Toy Story 3** (2010)

My favorite room is where I write.
I spend many hours there.
Morning, mid-day, even at night
in my favorite rocking chair.

My piano and my PC friends
I also occupy.
There's just one window in the room
that allows me a view of the sky.

(...)

I would not trade this little room for a
castle or a suite.
For the comfort this room gives to me
makes me feel complete.

Edwina Reizer, **My Favorite Room** (2016)

3 Where do you usually do the activities in the vocabulary list?

- *I usually study in my room. What about you?*
- *Sometimes in my bedroom, sometimes...*

CD: 27

4 **Read** the board in John's house. What mustn't he do at home?
Listen to the conversation. What does John have to do this week? WB p. 60

John has to... and he mustn't...

CHORES

	Mom	Dad	John	Ann
wash the dishes				
cook				
do the laundry				
take out the trash				
sweep the floor				
feed the pets				
set the table				
do the gardening				

HOUSE RULES
for everybody

- ✓ Be kind to each other.
- ✗ Don't tell lies.
- ✓ Respect everybody.
- ✗ Don't say bad words.

PARCOURS CITOYEN

Equality of men and women

1. Why do you think the sculpture is controversial?
2. In your home, who does the laundry? Who sweeps the floor? Do you think these are women's jobs or men's jobs?

↑ Chris Madden, **Metaphor For Gender Stereotypes** (2014)

5 **Read** these sentences from the audio. WB p. 60
Look at the words in purple. Who or what do they refer to?

a. It's Dad's turn to do **them**.
b. Nobody cooks like **her**.
c. Tell **him** again.
d. He's not listening to **us**.
e. Did you hear **me**, Johnny?
f. Tonight it's **you**.

Les pronoms compléments

Nobody cooks like **her**.

6 What do you have to do at home? What don't you have to do? Is there anything that you mustn't do?

I have to wash the dishes and I mustn't tell lies...

L'obligation et l'interdiction

I **have to** wash the dishes.
I **must** respect everybody.
I **don't have to** cook.
I **mustn't** tell lies.

MINI CHALLENGE: CRAZY HOME RULES (Groupwork)

You invent the craziest home rules. WB p. 61

1. **Imagine** you have a new house and live together.
2. **Think about** five chores and activities that you have or don't have to do.
3. **Present** your rules to the class. Which is the craziest home?

My grammar → Banque d'exercices p. 125

Je comprends
et je m'entraîne.

1. THERE IS / THERE ARE WB p. 53

On utilise **there is** / **there are** pour indiquer l'existence de quelque chose ou pour désigner quelque chose.

- **There is** est suivi d'un nom au singulier.
  There is a table in the kitchen.
- **There are** est suivi d'un nom au pluriel.
  There are plates on the table.

En anglais, on utilise **there is** ou **there are** pour indiquer l'existence d'un ou de plusieurs éléments. Est-ce pareil en français ?

There is an armchair and there are four chairs...

2. LE GÉNITIF WB p. 54

- Le génitif marque la possession. On place en premier la personne à qui l'objet appartient, puis **'s**, puis le nom de l'objet.

John's house
(la maison de John)

- Pour les noms qui sont au pluriel et qui se terminent déjà par un **s**, on ajoute simplement une apostrophe.

My parents' bedroom is very big.
My cousins' house has got a swimming pool.

Pronunciation → WB p. 64

La prononciation de « **'s** »
There is / **there are** et **there isn't** / **There aren't**

1 Place 's au bon endroit dans la phrase.

a. Lisa bedroom is really cool.
b. I don't like Homer couch.
c. Emily loves John garden.
d. I love Andy room.

2 Traduis les phrases suivantes.

a. Voici la maison de Bart.
b. C'est le sac de Lisa.
c. Regarde, c'est l'ami de John.
d. Où est le bureau de Marie ?
e. J'aime la maison de John.

3. LA FORME NÉGATIVE DE HAVE GOT

Haven't got est la forme négative du verbe **have got**. Il permet de présenter ce que l'on ne possède pas.

I haven't got a big house.
He hasn't got a garage.

FORME NÉGATIVE		
I / You	**haven't got**	a playroom.
He / She	**hasn't got**	
We / You / They	**haven't got**	

Les Britanniques et les Américains parlent tous anglais, mais avec de petites différences. Par exemple, généralement les Américains n'utilisent pas **got** et font la négation de **have** avec l'auxiliaire **do** / **does** : **I don't have a big house. He doesn't have a garage.**

3 Mets les phrases à la forme négative.

a. Emily has a big room.
b. Emily's family have nice house.
c. My aunt has a fireplace in her house.
d. John has two brothers and two sisters.
e. John has a computer in his room.
f. John's parents have a nice bedroom.

4. HOW MANY?

How many signifie « combien ». Il se place au début d'une phrase interrogative. Il est toujours suivi d'un pluriel.

On peut l'utiliser :

- avec **have got** :

  How many brothers and sisters have you got?

- avec **there is** / **there are** :

  How many bathrooms are there in your house?

- avec d'autres verbes :

  How many people do you usually invite to your parties?

4 Remets les mots dans l'ordre.

a. got / have / you / many / bathrooms / how / ?
b. hours / sleep / normally / you / do / many / how / ?
c. there / how / rooms / are / many / house / your / in / ?
d. computers / your / house / many / there / are / how / in / ?

5. LES PRONOMS COMPLÉMENTS WB p. 60

Les pronoms compléments s'emploient pour remplacer des noms.

He loves Jane. → He loves her.
I like fireplaces. → I like them.

SINGULIER
I → **me**
you → **you**
he → **him**
she → **her**
it → **it**

PLURIEL
we → **us**
you → **you**
they → **them**

5 Complète ces phrases.

a. Who is this boy? Do you know .....?
b. She wants to invite Lola, Paul and Adam, she likes ..... a lot.
c. Mum is a great chef. Nobody cooks like .....
d. I don't like this city. I hate .....

6. L'OBLIGATION ET L'INTERDICTION WB p. 61

L'obligation peut s'exprimer grâce à **must** ou bien **have to**. Chacun se place devant la base verbale.

I have to work.
You must buy him a present.

Ces deux termes peuvent s'employer à la forme négative avec **not to** (**n't**).

- Avec **mustn't**, on exprime une interdiction.

  You mustn't tell lies.

- Avec **don't have to**, on montre que quelque chose n'est pas obligatoire.

  You don't have to come.

6 Complète avec must ou mustn't.

a. You ..... arrive late, they are waiting for you!
b. You ..... listen to your teacher, John.
c. I ..... eat French fries and hamburgers every day or I'll get fat.
d. Your children ..... jump on the bed!
e. I haven't got a lot of money, I ..... waste it.

7 Choisis la bonne forme pour ces phrases.

a. Are you quiet in class? You **have to / don't have to** be quiet in class.
b. Do you wear uniforms in France? You **have to / don't have to** wear uniforms in France.
c. Do you have to turn off your phones in theatres? You **have to / don't have to** turn off your phones in theatres.
d. Do you have to bring food to school in France? You **have to / don't have to** bring food to school in France.

My vocabulary

→ Banque d'exercices, p. 125
→ WB p. 62

J'observe et je mémorise.

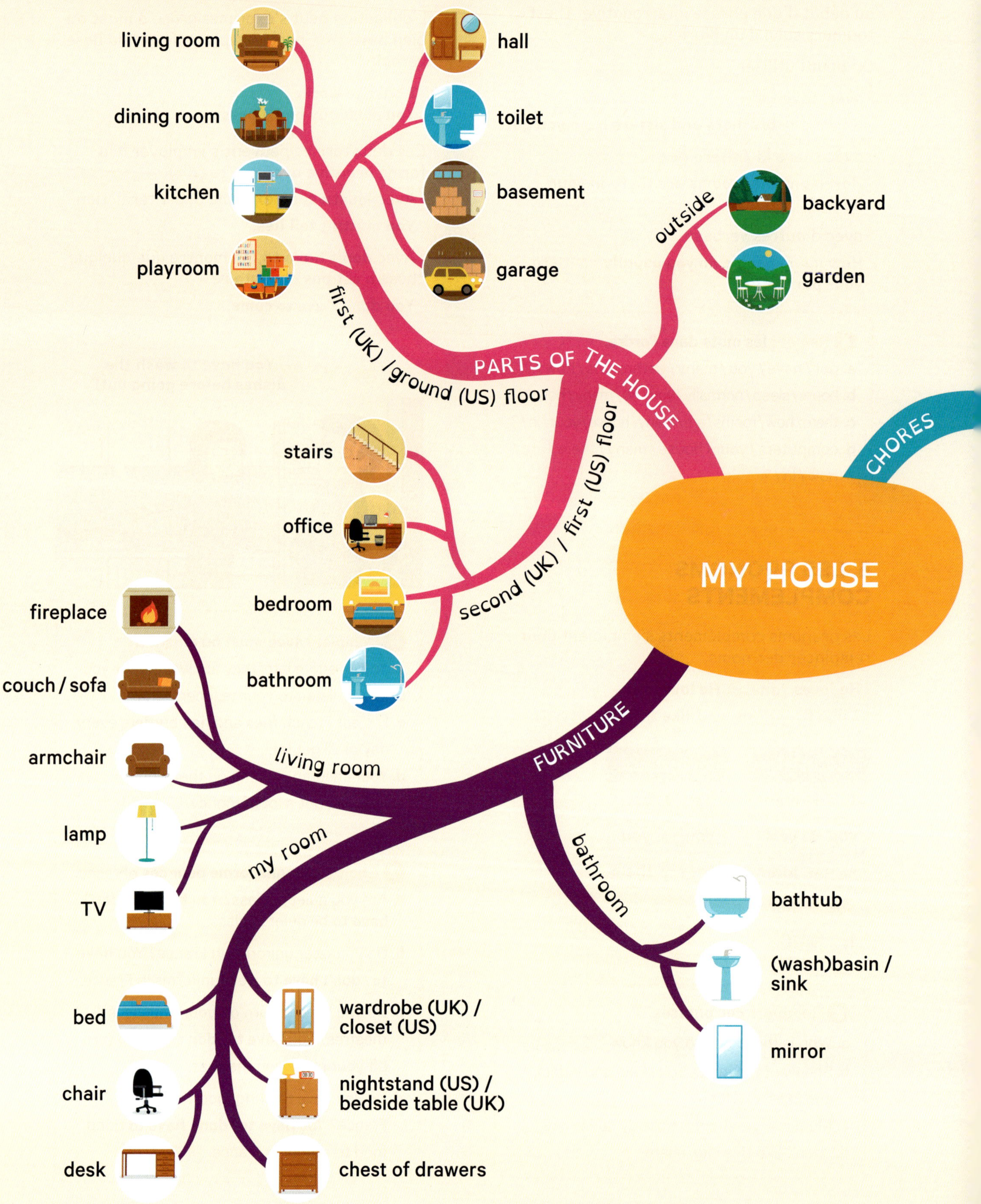

LES PIÈCES DE LA MAISON

1 Nomme chaque pièce de cette maison.

LE MOBILIER

2 Dis à quel meuble, pièce ou objet du dessin de l'activité 1 correspond chaque description.

a. It's under the bathroom mirror.
b. It's next to the couch.
c. It's in front of the desk.
d. It's next to the bathroom sink.
e. It's in front of the couch.
f. It's between the two bedside tables.

LES TÂCHES MÉNAGÈRES ET LES ACTIVITÉS À LA MAISON

3 Identifie chacune de ces activités.

a. Sometimes I .... for my family. They love my spaghetti carbonara.
b. I always .... in my room. I have a big desk.
c. My sister always .... . She loves animals.
d. I always .... the table before dinner.
e. I like to recycle. I always .... in the evening.
f. All my clothes are dirty! I must ....
g. I .... my bedroom every day. I hate it when my room is dirty.

Create your mind map!
Crée ta propre carte mentale en choisissant les mots qui correspondent à ta maison, à ce que tu y fais, à tes tâches ménagères...

www.theculturebog.emdl

Today I'm writing about two famous fictional houses by Tim Burton.

PARCOURS D'ÉDUCATION ARTISTIQUE ET CULTURELLE

TIM BURTON'S HOUSES

TIM BURTON

I love cinema, and Tim Burton is one of my favorite filmmakers! In his films, the houses are always interesting.

In **Charlie and the Chocolate Factory**, the house is poor and dark, but inside it's warm and inviting. There is a strong connection with Charlie's character. The house is different from the rest of the city, just like Charlie is different from the other kids.

↑ Tim Burton, **Charlie and the Chocolate Factory** (2005)

↑ Tim Burton, **Edward Scissorhands** (1990)

In the film **Edward Scissorhands,** Edward's house is located in a city very similar to the city of Burbank, near Los Angeles (Tim Burton comes from Burbank). In this movie the houses are all identical, but they have a personality.

YOUR TURN!

1 **Read** the texts and **identify** the adjectives used to describe the houses.

2 **Match** these adjectives to one of the two images. **Justify** your choices.

new | colourful | peculiar | conventional | lonely | spacious | small

YOU ARE AN ARTIST!

Invent your own house that fits your personality. **Draw** it.

Other Posts:

- Multicultural London: India
- Family Paintings
- Two Very Irish Activities
- London Fashion Design
- I Love Baseball
- New York Skyscrapers
- Scottish Legends

Contributors:

Sheena

Tom

Tara

John

Kirstine

Your challenge

DESIGN AN UNUSUAL HOUSE

Tim Burton is looking for new ideas for unusual houses and characters for a new film. You decide to send him some ideas.

1. Your teacher will **give** you a template of a house.
2. **Name** the different rooms and pieces of furniture. Remember it has to be a bit strange!
3. **Imagine** the members of the family who live in the house. **Give** them names.
4. **Write** what each member does in each room (favourite activity or household chores).
5. **Think of** unusual house rules.
6. **Present** your house and your family to the class.
7. **Record** each presentation and send the best one to Tim!

Alternative numérique
Réalise une vidéo pour montrer ta maison et expliquer ce que les membres de ta famille et toi faites dans chaque pièce.

This is the skateboard house. On the first floor, there is a living room and...

Gloria, the mother, usually reads on the sofa and Mike, the father, feeds the cat on his skateboard every day. I...

Pour bien réussir ton défi, fais le point sur ce que tu as appris dans cette unité avec le **CHECK YOUR SKILLS** de ton Workbook (p. 65).

AP Comment réaliser un diaporama ?

Rien de tel qu'un diaporama pour capter l'attention de la classe pendant une présentation orale ! Suis ces conseils si tu veux en réaliser un.

1. Je me prépare !

Première question : de quoi as-tu besoin pour créer ton diaporama ? Avant d'allumer l'ordinateur, fais un brouillon d'une demi-page par diapositive. Quelques règles :

- n'écris qu'une seule idée et ne prévois qu'une seule image par diapositive,
- n'écris pas plus de 6 mots par ligne et pas plus de 6 lignes par diapositive.

2. J'organise ma présentation !

Ouvre un nouveau diaporama et définis :

- la diapositive d'introduction : sujet du diaporama + nom des auteurs + année de conception + image en lien avec le sujet,
- les titres et sous-titres des diapositives suivantes,
- la diapositive de conclusion : résumé + conclusion + remerciements éventuels.

Comment ça marche ? Le cerveau aime que les informations qu'il reçoit soient déjà classées. Plus le diaporama est organisé, plus il est facile à suivre !

3. Je choisis des images !

Ce n'est pas parce qu'une image est sur Internet que tu peux l'utiliser ! Pour trouver des illustrations, va de préférence sur une banque d'images libres de droit comme Pixabay, Freepik, FreeImages... Cite l'auteur(e) de l'illustration ou le site afin de respecter la propriété intellectuelle.

4. Je tape mon texte

Ton objectif est d'être bien vu(e) et bien lu(e). Pour cela, fais simple et sobre :

- pas plus de trois couleurs principales,
- polices de type arial, verdana ou calibri, et contraste fort (noir sur fond clair),
- police de taille 38 pour les titres et au moins 24 pour les textes,
- pas de liste à puces, sauf si tu ne dépasses pas une ligne par puce.

Comment ça marche ? Les illustrations sont importantes dans un diaporama. On se souvient plus facilement d'une idée quand elle est associée à une image.

5. Je finalise ma présentation

Ajoute des transitions et des animations mais pas trop, et pas trop complexes, pour ne pas donner le vertige. Active ces effets manuellement afin de rester maître(sse) du temps et de l'action.

Comment ça marche ? Le cerveau a besoin de calme et de temps pour comprendre et mémoriser. Il lui faut des informations claires et pas trop nombreuses.

À TOI DE JOUER !

1 Dans le **challenge** de l'unité 3, tu dois **créer** un diaporama pour faire découvrir les étapes de ta journée à Tara.

Pour t'aider à commencer, **réalise** les activités de la fiche que te donnera ton (ta) professeur(e).

Va plus loin !

Si tu te sens déjà très à l'aise avec les techniques du diaporama, tu peux passer à la création de vidéos ou de présentations animées plus personnelles avec un service en ligne comme Pow Toon. Ta voix sera alors enregistrée avec la présentation.

AP

Comment apprivoiser ta mémoire ?

Vocabulaire, règles, dates... Cette année, ta mémoire est mise à rude épreuve ! Voici quelques conseils pour t'aider à tout retenir sans difficulté.

1. Je suis actif(ive) en classe

Le travail de mémorisation commence en cours : écoute, participe, repère les informations importantes et copie ta leçon proprement en utilisant des couleurs.

Comment ça marche ? En classe, tu utilises ta « mémoire de travail ». Elle est efficace pour réagir vite et pour comprendre, mais en général elle ne suffit pas pour mémoriser.

2. Je me souviens

À la maison, cahier fermé, écris et dis à voix haute les mots et expressions du cours dont tu te souviens.

3. Je mène l'enquête

Lis ton cahier et note au brouillon tout ce que tu avais oublié.

Comment ça marche ? Ton cerveau avait oublié les informations qui ne lui semblaient pas importantes. Comparer le connu et l'inconnu t'aide à les retrouver... et donc à savoir ce qu'il te reste à apprendre.

4. J'écris

Lis, relis et écris les mots nouveaux, expressions et phrases de la leçon jusqu'à mémorisation complète.

Comment ça marche ? Pour se souvenir d'un élément durablement, le cerveau doit faire des associations : on peut associer un mot à une couleur, une écriture, une prononciation... Plus l'association est originale, mieux c'est ! Les informations importantes sont alors stockées dans ta « mémoire à long terme ».

5. Je lis à voix haute

Lis ta leçon plusieurs fois à voix haute avec les aides de prononciation de ton cahier ou de ton manuel.

6. Je récite

Cahier fermé, récite ta leçon à l'oral et à l'écrit pour faire travailler ta mémoire. Tu peux aussi te filmer, puis regarder la vidéo !

Comment ça marche ? Quand on t'écoute et qu'on t'encourage, tes neurones battent des records !

À TOI DE JOUER !

1 Voici le nom des différentes régions de la Grande-Bretagne. Quels classements peux-tu **imaginer** pour **répartir** ces noms dans différents groupes ?
Parmi les classements trouvés, lequel te semble le plus efficace pour mémoriser tous ces noms ?
Échange tes réponses avec un(e) camarade.

Kent | Buckinghamshire | Dorset | West Sussex
Surrey | Warwickshire | Derbyshire | Somerset
Norfolk | East Sussex | Suffolk

2 **Mémorise** les deux premiers vers du poème **Daisy the Snail** en suivant les conseils de la fiche que te donnera ton (ta) professeur(e).

Va plus loin !

Tu veux relever un ambitieux défi ? Mémorise ces huit cartes dans l'ordre. Tu peux t'entraîner à retenir encore plus de cartes ! Consulte la vidéo **Child Genius** à l'adresse suivante : **www.espacelangues.emdl.fr/bloggers**.

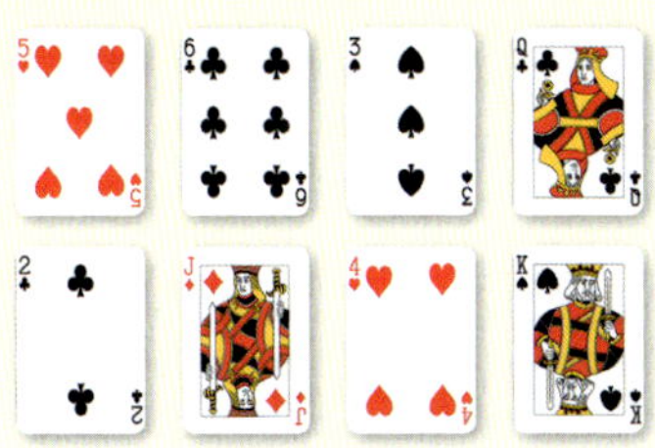

Comment et où les adolescents londoniens s'habillent-ils?

Unit 5
Looking good!

Dans cette unité, nous allons...

- parler de tenues vestimentaires,
- apprendre à nous exprimer dans un magasin,
- découvrir une célèbre styliste londonienne,
- donner notre avis sur le port de l'uniforme à l'école.

Your challenge

Réaliser la nouvelle collection d'uniformes scolaires de Marks & Spencer et la présenter.

Hi, this is **SHEENA**, from London (UK). In this unit you'll learn about clothes and shopping in London.

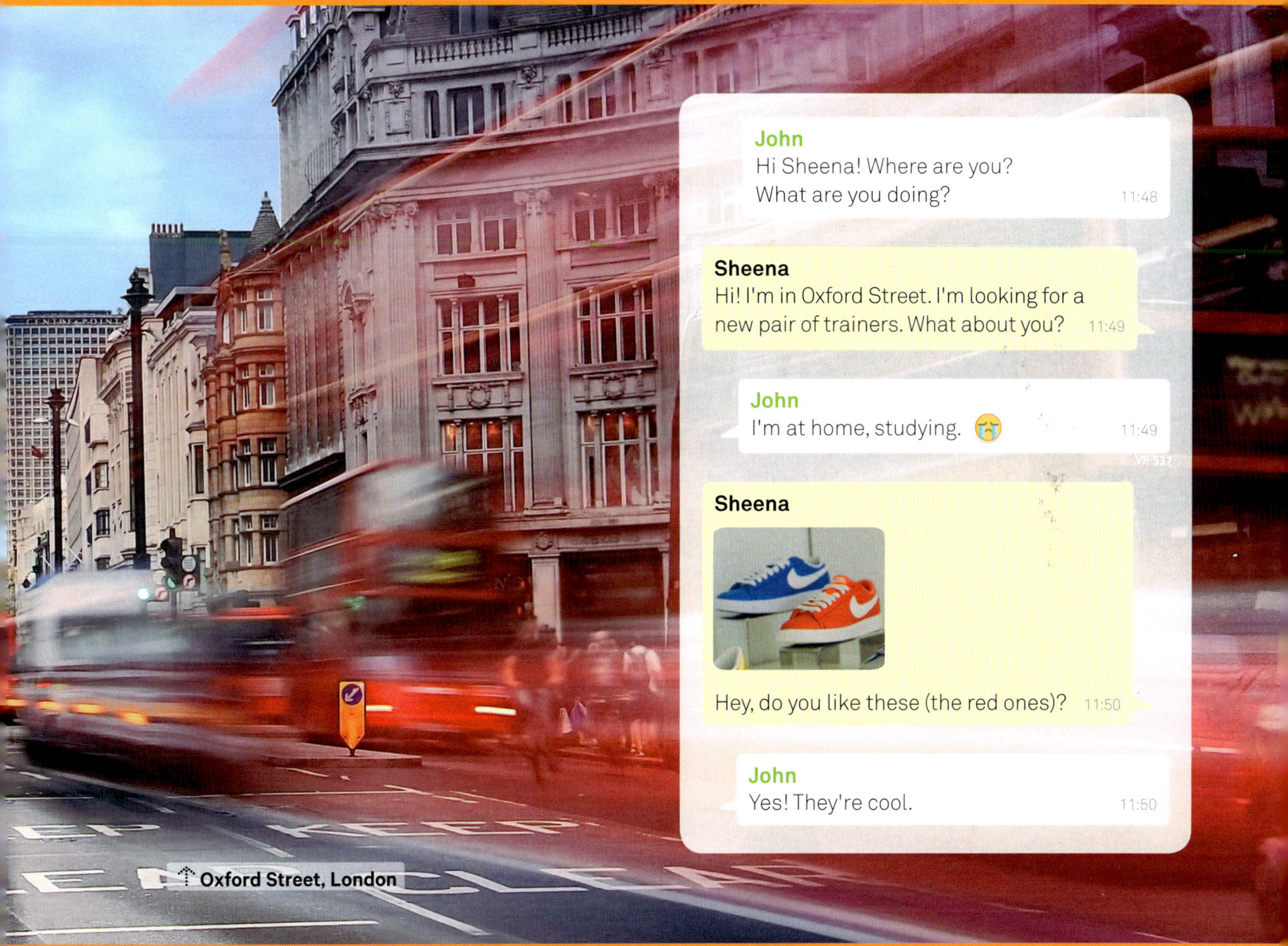

Oxford Street, London

John
Hi Sheena! Where are you? What are you doing? 11:48

Sheena
Hi! I'm in Oxford Street. I'm looking for a new pair of trainers. What about you? 11:49

John
I'm at home, studying. 😢 11:49

Sheena

Hey, do you like these (the red ones)? 11:50

John
Yes! They're cool. 11:50

Ceara McEvoy, **Bricklane: The 10 Reasons I Love this Place!** (2013)

LET'S GO!

1. **Read** the conversation.
   Complete the sentences.
   a. Sheena is...
   b. John is...

2. **Watch** the video.
   List the things you can buy in Brick Lane.

1. What are you wearing?

Je parle de tenues vestimentaires.

1 **Look at** Sheena's school website.
Read the uniform requirements for boys and girls.
Identify the different items of clothing in the photos. WB p. 66

http://oakspark.co.uk/parents/uniform/

OAKS PARK HIGH SCHOOL

Uniform

All students are encouraged to be proud of their appearance and their uniform.

School uniform

- Green blazer with school badge
- Green and yellow tie
- White shirt
- Black jumper (optional)
- Black or white socks
- Black leather shoes
- Black skirt and tights
- School trousers (classic style)

⛔

- hoodie
- cap
- trainers
- boots
- jeans
- piercing
- jewels

Oaks Park High School website, **School Uniform** (2017)

2 **Look at** Sheena's clothes.
Say if she can wear these items of clothing at school or not. WB p. 66

CD: 28
MP3: 18

At school, she can wear... but she can't wear...

shirt

dress

jeans

tights

AP

trainers

shoes

skirt

hoodie

blazer

tie

flip-flops

cap

boots

socks

CD: 29
MP3: 19

Vocabulary

- **black** /blæk/
- **blue** /bluː/
- **green** /ɡriːn/
- **grey** /ɡreɪ/
- **orange** /ˈɒrɪndʒ/
- **pink** /pɪŋk/
- **purple** /ˈpɜːpl/
- **red** /red/
- **yellow** /ˈjeləʊ/
- **white** /waɪt/

L'auxiliaire can

✓ You **can** wear leather shoes.

✗ You **can't** wear trainers.

PARCOURS CITOYEN

3 **Read** the article about fashion in the **London Teens** mag. **Match** the texts and the images. WB p. 69

Ada is wearing…

PÉDAGOGIE DIFFÉRENCIÉE

LONDON TEENS

Claire

A They are sixteen and they live in Notting Hill. They are wearing a casual style: jeans, a shirt and a hoodie. Jack is wearing a cap too. Here they are walking around their neighbourhood.

Ada

B She is fourteen. She lives in Hackney, in the East End. She is wearing a long grey jacket and a purple skirt with long white socks and black shoes. Here, she's taking a picture.

Don & Jack

C She is fifteen. She lives in Greenwich. Here she is on her bike. She's wearing a summer look: denim dungarees and a short top with black and white stripes.

School uniforms

Do you think school uniforms are a good or a bad idea? Why / Why not? You can **use** these words to give your opinion.

boring | beautiful | smart | ugly | original | the same | a symbol of equality | fair | elegant | expensive

Charles Beyl, **CartoonStock** (2016)

LET'S PLAY…

The outfit game

1. **Choose** a classmate.
2. **Describe** what he / she is wearing.
3. Your classmates **guess** who it is.

He is wearing blue jeans, white trainers…

It's Mathieu!

Vocabulary

CD: 30
MP3: 20

- spring /sprɪŋ/
- summer /ˈsʌmə/
- autumn /ˈɔːtəm/
- winter /ˈwɪntə/

Le présent en be + V-ing

I **am** wear**ing** a white cap.
He / She **is** wear**ing** a white cap.

MINI CHALLENGE: FRENCH TEENS TODAY

Teen Vogue wants you to write an article about French teens' fashion. WB p. 71

1. **Look for** photographs to illustrate the article called 'French Teens Today'. **Print** them.
2. **Write** a caption for each describing what teens are wearing.
3. **Add** a paragraph to **explain** what French students can or can't wear at school.
4. The class will **decide on** the best article to send to **Teen Vogue**.

2. A shopping day

J'apprends à m'exprimer dans un magasin.

1 **Look at** this map about a famous shopping destination in London. **Identify** all the types of shops in the map. WB p. 72

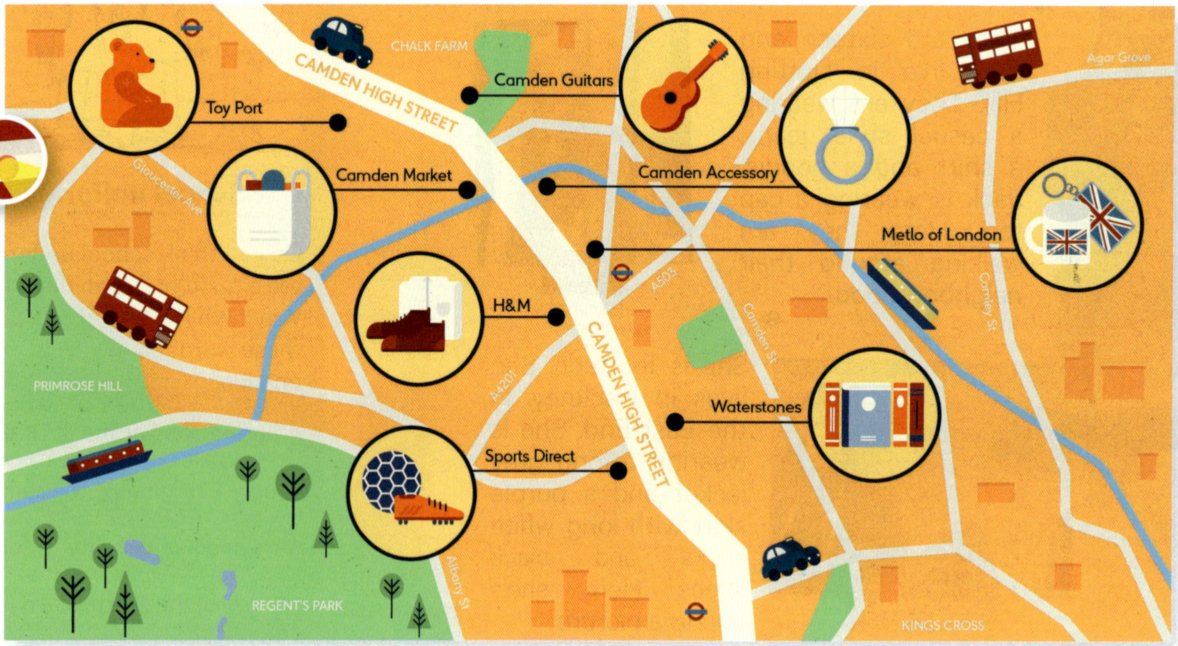

Josh Hurley, **Camden High Street** (2017)

2 **Read** these sentences about Zoe, a friend of Sheena's. **Explain** what are the best presents for her birthday. Sheena can only spend £15. What can she buy? WB p. 73

PÉDAGOGIE DIFFÉRENCIÉE

Zoe

→ She loves hats. She has got two baseball caps, but she hasn't got a beanie.

→ She likes winter sports. She hasn't got a scarf.

→ Zoe doesn't wear any jewels.

→ Her favourite colours are red and purple, and she hates yellow.

CD: 32
MP3: 22

flip-flops **£9**

gloves **£12**

rucksack **£45**

bracelet **£16.50**

scarf **£9.50**

beanie **£18**

earrings **£18.75**

baseball cap **£12.85**

CD: 31
MP3: 21

Vocabulary

an antique /æn'tiːk/ **shop**
a bookshop / bookstore: une librairie
a clothes /kləʊðz/ **shop:** un magasin de vêtements
a department /dɪ'pɑːtmənt/ **store:** un grand magasin
a gift shop: une boutique de cadeaux
a jewellery /'dʒuːəlrɪ/: une bijouterie
a market /'mɑːkɪt/: un marché
a shopping centre (UK) = a mall /mɔːl/ **(US):** un centre commercial
a sporting goods shop: un magasin de sport
a toy shop: un magasin de jouets

How much?

How much is this?
It's £15.

How much are these?
They're £45.

CD: 33

3 Sheena and Tessa are looking for a present for their friend Zoe in Camden High Street.
Listen to the conversation with the shop assistant in All Saints. What do they finally buy? WB p. 75

John Kellerman, **Camden High Street, London** (2016)

Did you know?
In the United Kingdom, the official currency is the **pound sterling** (£).
one pound = 100 pence
The singular of **pence** is **penny**.

Vocabulary

CD: 34
MP3: 23

Can I help you?
I'm looking for a beanie / hat...
I love these shoes!
Do you have it in red / blue...?
Here you are: Tenez.

L'accord et le désaccord

These shoes are cool.
I **agree**. They're nice!

These shoes are horrible.
I **disagree**. / I **don't agree**.
I like them.

LET'S PLAY...

The hangman game (Pairwork)

1. **Think about** a piece of clothing, an accessory or a type of shop.
2. **Tell** your partner the category that you have chosen.
3. Your partner **says** a letter of the alphabet. If your word doesn't contain that letter, then **draw** one part of the hangman.

MINI CHALLENGE: SHOPPING IN LONDON (Groupwork)

Play a shopping situation in London. WB p. 77

1 **STUDENT A: You work as a shop assistant in London.**
Use the cards that your teacher will give you.
For each product, **write** the available colours and the price on the back. **Place** the cards on your table.

2 **STUDENTS B & C: You are in a shop in London.**
You **want** a gift for one of your classmates.
You don't want to **spend** more than £30.

Can I help you?

We are looking for... I think that she hasn't got...

My grammar

Je comprends et je m'entraîne.

⇢ Banque d'exercices p. 132

1. L'AUXILIAIRE CAN WB p. 68

• L'auxiliaire **can** exprime la possibilité ou la capacité (ce que l'on sait faire).

You can wear jeans.

• Sa forme négative **can't** (**cannot**) exprime donc l'impossibilité, l'incapacité (ce que l'on ne sait pas faire).

You can't wear trainers.

• **Can** est toujours invariable. Il est suivi de la base verbale.

FORME AFFIRMATIVE		
I / You He / She We / They	**can / can't**	wear sneakers.

FORME INTERROGATIVE		
Can	I / you / he / she we / they	wear sneakers?

RÉPONSES AFFIRMATIVES (OUI)		
Yes,	I / you / he / she we / they	**can.**
RÉPONSES NÉGATIVES (NON)		
No,	I / you / he / she we / they	**can't.**

1 Passe ces phrases à la forme négative.

a. You can wear jeans.

b. We can wear sneakers.

d. Yes, she can wear a cap.

2 Écris si tu peux ou non porter chacun de ces vêtements à une soirée de gala.

Pronunciation ⇢ WB p. 80

Le son /ə/

2. LE PRÉSENT EN BE + V-ING WB p. 71

Le présent en **be** + V-**ing** est utilisé pour donner une information sur ce qui se passe au moment où l'on parle.

Oh, she is wearing blue trousers!

Avec cette phrase, on ne dit rien de neuf : tout le monde voit bien qu'elle porte ce pantalon, mais je montre ma surprise parce qu'à ce moment-là, c'est inhabituel.

• Pour construire le présent en **be** + V-**ing**, on conjugue l'auxiliaire **be** mais pas le verbe principal, qui prend juste la marque **-ing** à la fin.

FORME AFFIRMATIVE		
I	**am wearing**	a T-shirt.
He / She	**is wearing**	
You / We / They	**are wearing**	

FORME NÉGATIVE		
I	**am not wearing**	a T-shirt.
He / She	**is not wearing**	
You / We / They	**are not wearing**	

FORME INTERROGATIVE		
Am	I	wearing a T-shirt?
Is	he / she	
Are	you / we / they	

• Dans les réponses brèves, on ne répète pas la forme en **-ing**.

RÉPONSES AFFIRMATIVES (OUI)		
Yes,	I	**am.**
	he / she	**is.**
	you / we / they	**are.**
RÉPONSES NÉGATIVES (NON)		
No,	I	**am not ('m not).**
	he / she	**is not (isn't).**
	you / we / they	**are not (aren't).**

• What **are** you **wearing** now?
◦ **I'm wearing** a pair of jeans and a T-shirt.

• Are you wearing jeans?
◦ Yes, **I am**. /
No, **I'm not**.

3 Complète ces phrases avec be + V-ing.

a. I ..... for a new dress. (look)
b. She ..... a new pair of shoes. (wear)
c. What film ..... they .....? (watch)
d. Now I ..... my homework. (do)

4 Écris les questions et les réponses.

a. - you / look / for a new pair of trainers? .....
- Yes .....
b. - What / your classmate / wear? .....
- .....
c. - What / you / wear / today? .....
- I .....

5 Choisis le présent simple ou le présent en be + V-ing pour conjuguer les verbes entre parenthèses.

a. Look! Joe ..... a blue scarf. (wear)
b. She usually ..... a uniform at school. (wear)
c. But today is Sunday and she ..... jeans. (wear)
d. Joe is at the clothes shop. She ..... for a pair of trainers. (look)

3. HOW MUCH? WB p. 74

Pour demander combien coûte quelque chose, on utilise **how much** avec le verbe **be** ou avec le verbe **cost**.

• **How much is this bracelet?**
How much does this bracelet cost?
◦ **It is £16.50. / It costs £16.50.**

• **How much are these gloves?**
How much do these gloves cost?
◦ **They are £25. / They cost £25.**

6 Demande le prix de ces vêtements à une amie. Note les réponses en lettres.

T-shirt ?

trainers ?

skirt ?

shoes ?

4. L'EXPRESSION DE L'ACCORD ET DU DÉSACCORD WB p. 76

• Pour dire qu'on est d'accord, on utilise le verbe **agree**.

• **Those shoes are really beautiful.**
◦ **I agree (with you)! I love them!**

• Pour dire qu'on n'est pas d'accord, on utilise le verbe **disagree** ou la forme négative du verbe **agree**.

◦ **I disagree (with you)! I hate them!**
◦ **I don't agree (with you)! I hate them!**

7 Réagis à ces propositions.

a. This suit is too big. ✗
b. These trainers are awful. ✓
c. I think the red scarf is perfect for her. ✗
d. This T-shirt is really funny. ✓

Attention ! En anglais, pour exprimer l'accord, on n'utilise pas le verbe **be** (~~**I am agree**~~), mais le verbe **agree** seul (**I agree**). Sais-tu pourquoi les Français commettent souvent cette erreur ?

8 Écris le dialogue entre deux amis au marché de Camden Town de Londres. Ils veulent acheter un cadeau d'anniversaire pour une amie et ne sont pas d'accord.

My vocabulary

Banque d'exercices, p. 132
WB p. 78

J'observe et je mémorise.

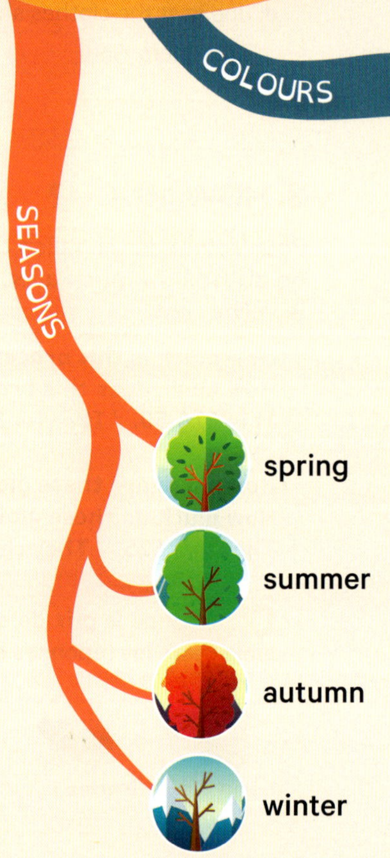

NUMBERS

1 one
2 two
3 three
4 four
5 five
6 six
7 seven
8 eight
9 nine
10 ten

11 eleven
12 twelve
13 thirteen
14 fourteen
15 fifteen
16 sixteen
17 seventeen
18 eighteen
19 nineteen
20 twenty
21 twenty-one
22 twenty-two
23 twenty-three
24 twenty-four
25 twenty-five
26 twenty-six

27 twenty-seven
28 twenty-eight
29 twenty-nine
30 thirty
40 forty
50 fifty
60 sixty
70 seventy
80 eighty
90 ninety
100 one hundred
101 one hundred and one
200 two hundred
1,000 one thousand

Pronunciation → WB p. 80

L'allongement des voyelles suivies d'un « **r** »

LES VÊTEMENTS ET LES COULEURS

1 **Le styliste de TopShop a pris des notes pour la nouvelle collection hiver.**
Dessine les vêtements qu'il a imaginés.

a. pink dress + pink and blue tights

b. red dress with white and yellow stripes

c. orange skirt + blue and orange jumper

d. grey jeans + green t-shirt with "Good morning!" on it

LES ACCESSOIRES

2 **Place ces accessoires dans la (ou les) bonne colonne(s).**

flip-flops | cap | beanie | scarf | gloves | sunglasses

SUMMER	WINTER

LES COULEURS

3 **Écris le nom de la couleur manquante.**

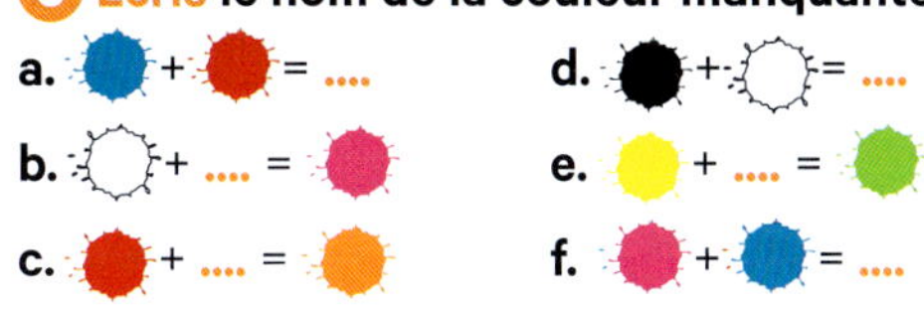

LES MAGASINS

4 **Dans quelle boutique trouve-t-on ces objets ?**

a. des boucles d'oreille

b. une bande dessinée

c. des écouteurs

d. des tennis

5 **Donne le résultat de ces opérations en toutes lettres.**

a. 13 + 45 = ...

b. 8 + 28 = ...

c. 99 + 1 = ...

d. 76 + 15 = ...

Create your mind map!
Crée ta propre carte mentale en présentant tes magasins, tes couleurs, tes vêtements et tes accessoires préférés...

www.theculturebblog.emdl

Today I'm writing about London teens and fashion.
Do you want to know a popular designer from London?

LONDON FASHION DESIGN

I love design and fashion, and in London there are fantastic designers.

Look at this suit for this spring, it's black with pictures of purple and orange leopards. I think it's fun and elegant! And the black dress is very cool too, with the white swans...

How much is it? Very expensive, certainly!

STELLA MCCARTNEY

The outfits are created by a London fashion designer called Stella McCartney. She is very famous in London, and internationally. Her father is famous too. He's Paul McCartney, one of The Beatles. I'm sure you know The Beatles!

She has an original style. Her clothes are often casual and relaxed, and she creates sports outfits too. She wants to protect the animals, so she uses no animal products (fur or leather) in her creations.

YOUR TURN!

1 **Read** the texts and **look at** the models. **Close** your books.

a. What's the name of the designer Sheena talks about?
b. What does she want to protect?
c. Use your memory to describe one of her designs.

YOU ARE AN ARTIST!

You are Stella McCartney's new assistant designer. **Invent** two pieces of clothes following her style and **write** a short paragraph to present them.

Other Posts:

- Multicultural London: India
- Family Paintings
- Two Very Irish Activities
- Tim Burton's Houses
- I Love Baseball!
- New York Skyscrapers
- Scottish Legends

Contributors:

Sheena

Tom

Tara

John

Kirstine

Your challenge

NEW SCHOOL UNIFORM

Marks & Spencer wants you to create a new school uniform.

1. **Draw** the winter school outfit you want (boys' and girls') in groups of four.
2. **Think about** the accessories, the price, the colours, etc.
3. **Decide** what English students can or can't wear in summer with your outfit.
4. **Present** your collection to the rest of the class.
5. The class will **react** and **choose** the best outfit to sell at Marks & Spencer.

Alternative numérique

Vous pouvez scanner vos dessins et les vidéoprojeter pour que ce soit plus professionel.

This is the new girls' uniform.
As you can see, this girl is wearing…
In summer, girls can also wear…
but they can't wear…

Wow! How much are these shoes?

I don't like this shirt in blue. Do you have it in red?

I don't agree! I love this colour.

Pour bien réussir ton défi, fais le point sur ce que tu as appris dans cette unité avec le **CHECK YOUR SKILLS** de ton Workbook (p. 81).

Les sports pratiqués aux États-Unis sont-ils différents des nôtres ?

Unit 6
Let's play ball!

Dans cette unité, nous allons...

- parler de sports typiquement américains,
- parler des talents et de l'alimentation des sportifs,
- parler de la passion des Américains pour le baseball,
- discuter des valeurs du « fair-play ».

Your challenge

Réaliser une affiche pour promouvoir un nouveau sport américain.

Hi, this is **JOHN**, from Los Angeles, California. In this unit you'll learn about American sports.

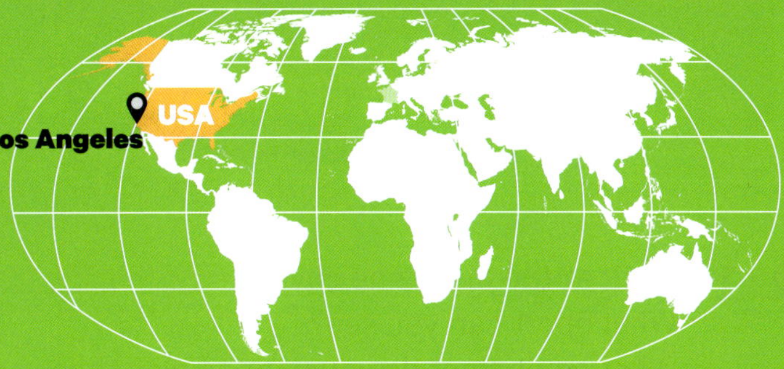

↑ Dodger Stadium, the home field of the Los Angeles Dodgers

VIDEO

DVD: 10

↑ Jackson Tait, **General Rules of Lacrosse!** (2011)

LET'S GO!

CD: 35

1. **Look at** the photograph. What sport can you play in this stadium?
   Listen to John's conversation. What is he doing?
2. **Watch** a video about an American sport.
   Say if these sentences are true or false.
   a. Lacrosse is a modern sport.
   b. A boys' team has 10 players and a girls' team has 12.

1. You mustn't kick the ball!

Did you know?
In the USA there is an intense rivalry between some teams on the east and on the west coasts.

1 **Look at** the magazine covers.
What sport can you see?
What equipment do you need to play these sports? WB p. 82

To play American football, you need...

↑ **Sports Illustrated** (2016)

AP

Vocabulary CD: 36 MP3: 24

- a (foot / basket / base)ball /bɔːl/: un ballon de football/ basket/baseball
- a bat /bæt/
- a cap /kæp/: une casquette
- a facemask /ˈfeɪsmɑːsk/: un masque de protection
- a glove /glʌv/
- a helmet /ˈhelmət/: un casque
- a jersey /ˈdʒɜːzi/: un maillot
- a net: un filet
- a racket /ˈrækɪt/
- shorts /ʃɔːts/
- shoulder /ˈʃəʊldə/ pads: des protections d'épaules
- a stick: un bâton
- trainers (UK) /ˈtreɪnəz/ / sneakers (US)

2 **Memorize** the pages from **My First Book of Baseball** for one minute. **Close** you book and try to **recreate** the two pages in your notebook. **Compare** with a classmate to make sure it is complete. WB p. 83

↑ Sports Illustrated Kids, **My First Book of Baseball** (2016)

Vocabulary CD: 37 MP3: 25

- to bounce /baʊns/ = to dribble /ˈdrɪbl/
- to catch: attraper
- to hit: frapper
- to jump /dʒʌmp/: sauter
- to kick: frapper du pied
- to pass
- to push /pʊʃ/: pousser
- to run /rʌn/: courir
- to score /skɔː/: marquer
- to shoot /ʃuːt/: tirer
- to sweep /swiːp/: balayer = to brush
- to throw /θrəʊ/: lancer

Need / need to et must

To play basketball you **need** a sleeveless shirt, shorts and trainers.

You **need to** be fast.

You **must** throw the ball but you **mustn't** kick it.

3 **Write** some basic rules of baseball. WB p. 84

To play baseball, you need 2 teams of...
Players must...

4 **Say** what you know about curling, a sport played in Canada and in the USA. WB p. 85
Watch the video and **answer**:

a. How many players are there in each team?
b. What must they do?
c. What is the captain called?
d. Why do they call this sport 'curling'?

Did you know?
Americans love competing with Canadians in winter sports, especially ice hockey!

VIDEO
DVD: 11

↑ Curling Canada, **Two-Minute Guide to the Sport of Curling** (2014)

CD: 38
MP3: 26

Vocabulary

- **American football**
- **baseball** /ˈbeɪsbɔːl/
- **basketball**
- **boxing**
- **curling** /kɜːlɪŋ/
- **(ice / field) hockey** /ˈhɒki/
- **lacrosse** /ləˈkrɒs/
- **soccer** /ˈsɒkə/
- **tennis**

5 **Match** these elements to write full sentences about the rules of ice hockey.
Write similar sentences about the sport of your choice. WB p. 86

PÉDAGOGIE DIFFÉRENCIÉE

To play..., you need...
Players must... but they mustn't...

ICE HOCKEY RULES

1. To play ice hockey, you need a puck:
2. Each player needs a hockey stick
3. To score a goal, players
4. When you commit an infraction,
5. You must wear protective equipment

a. for your safety, like a helmet and gloves.
b. it is a small black disk, made of rubber.
c. must shoot the puck into their opponent's net.
d. you must go to the penalty box for 2 minutes.
e. to control, pass and shoot the puck.

MINI CHALLENGE: A NEW SPORT

The NCAA (National Collegiate Athletic Association) has launched a worldwide competition to create a new American sport. WB p. 87

1 **Invent** a new sport (a combination of different American sports).
2 **Ask yourself** questions like: Is it a team sport, or individual? Do you play it indoors or outdoors?
3 **Give** it a name.
4 **Write down** the rules and the equipment you need.
5 **Present** it to the class in 30 seconds max!

My sport is called...
You need two teams of...
Players must... but...

1 **Read** and **take the quiz**.
What American sport is more appropriate for you? WB p. 88
Quiz your partner. **Report** to the class.

Léa likes team sports.
She is active and... She can...

AP

WHICH SPORT IS FOR YOU?

1. What sports do you like to play?

- ● individual sports
- ▲ indoor sports
- ✤ ◆ ▲ team sports
- ✤ ◆ outdoor sports
- ✖ none!

2. What are you like? Circle what best describes you.

- ▲ very active
- ✤ ◆ very fast
- ▲ tall
- ◆ very strong
- ✤ ◆ ▲ skilful
- ● quite active
- ▲ fast
- ● slow
- ● medium-height
- ✤ ▲ strong
- ● a little clumsy
- ✖ lazy
- ✖ I hate running
- ● small
- ● weak
- ✖ very clumsy

3. Do you like sports that require strategy and thinking?

- ✤ ▲ ◆ Yes, I do!
- ● ✖ No, I don't.

If most of your answers are...

✤ **You are fast and skilful.** Indeed you can throw, hit and catch a ball. Baseball is the most appropriate sport for you!

▲ **You are agile and active.** You can run up and down the court. You are skilful, so shooting the ball into the basket is not a problem for you. Basketball is your sport.

◆ **You are tough and fast.** You are not afraid of contact. American football is for you!

● **You are quite fit and active** but baseball, basketball and American football are not for you. There are so many other sports. Find one that corresponds to your personality and your abilities.

✖ **You are not active and competitive at all.** I guess you have other talents. Maybe you can draw, play an instrument... Find your way!

CD: 39
MP3: 27

Vocabulary

athletic /æθ'letɪk/
active ≠ lazy /'leɪzi/
competitive /kəm'petɪtɪv/
fast ≠ slow /sləʊ/: rapide ≠ lent(e)
fit ≠ unfit: en forme ≠ en mauvaise forme
healthy /'helθi/: sain(e)
skilful ≠ clumsy /'klʌmzi/: adroit(e) ≠ maladroit(e)
strong ≠ weak /wi:k/: fort(e) ≠ faible
tough /tʌf/: dur(e)

Can et le degré de capacité

I **can** throw a ball **very well**.
I **can** throw a ball **quite well**.
I **cannot** (**can't**) throw a ball **at all**.

Les adverbes de nuance

I am **very** fit.
I am **quite** fit.
I am **a bit** slow.
I am **not** fit **at all**.

PARCOURS CITOYEN

2 **Look at** the screenshot. What can you see?
Watch the video. Who do you recognize?
What do the NBA players recommend? WB p. 91

PÉDAGOGIE DIFFÉRENCIÉE

VIDEO

DVD: 12

Let's Move!, **Healthy Tips from NBA Champions** (2014)

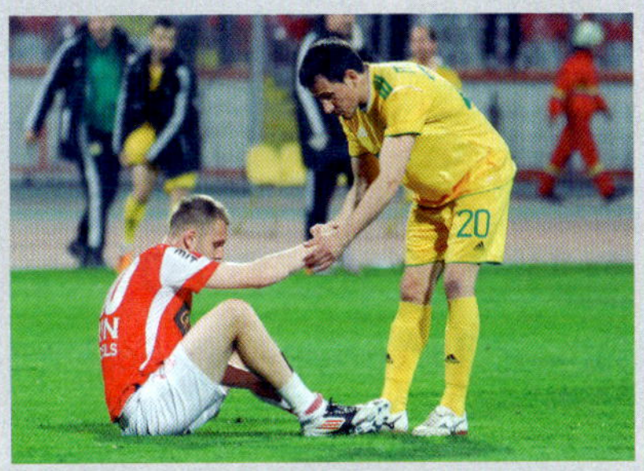

Fair play

1. Identify the values that are fundamental in fair play.

loyalty | tolerance | cheating | honesty | disrespect | sadness | solidarity | injustice | violence

2. What values do you see in the photo?

3. Write a slogan to promote fair play in American sports.

3 **Match** these foods with the categories from the vocabulary box. WB p. 92

CD: 40
MP3: 28

CD: 41
MP3: 29

Vocabulary

dairy /ˈdeəri/: produits laitiers
drinks: boissons
fruit /fruːt/
grain /ɡreɪn/: céréales
proteins /ˈprəʊtiːnz/
vegetables /ˈvedʒtəbəlz/: légumes

4 **Write** sentences to explain what you need to eat or drink in your opinion to be a champion. WB p. 93

To be a champion, you need to eat...
because...

Les conjonctions de coordination

You **need to** eat fruit **and** vegetables, **but** you **mustn't** eat junk food, **because** it isn't healthy.

MINI CHALLENGE: SPORTS CLUB AD

Your favourite sports club wants you to create an ad to promote it. WB p. 93

1. **Choose** a sport you like. What qualities are important for this sport?
2. **Match** one of these qualities with an animal.
3. **Think of** what you need to eat or drink to perform well in this sport.
4. **Write** three or four sentences to promote your sport, following the example.
5. **Design** the ad.

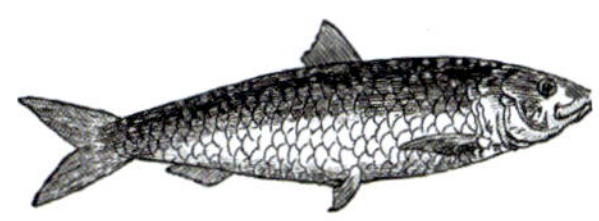

Are you fast?
Can you swim like a fish?
To be a swimming champion you need to eat dairy foods.
Join the swimming club!

My grammar

→ Banque d'exercices p. 127

1. NEED/NEED TO WB p. 84

Pour indiquer que l'on a besoin de quelque chose, on utilise :

need + nom (ou groupe nominal)

To play American football you need a helmet and protective gear.

need + to + base verbale

To become a champ, you need to eat healthy food.

1 Réponds à l'une de ces questions.

a. What do you need to play baseball?

b. What do you need to play basketball?

2 À partir des éléments suivants, construis des phrases pour exprimer le besoin, la nécessité.

a. American football / helmet / protect your head

b. basketball / be fit and agile

c. eat a lot of fruit and vegetables / be fit

3 Choisis un ou plusieurs sports et décris ce dont tu as besoin pour le / les pratiquer.

....

....

....

4 Complète ces phrases avec need ou need to.

a. You .... be active and skilful to play basketball.

b. As for the equipment, you .... a ball and good trainers.

c. In American football protective gears are essential. You .... a helmet, a facemask and shoulder pads.

d. You .... be strong and fast to play this game.

2. CAN/CAN'T WB p. 89

• L'auxiliaire **can** exprime la possibilité ou la capacité.

• Sa forme négative **can't** (**cannot**) exprime donc l'impossibilité, l'incapacité, ce que l'on ne sait pas faire.

• **Can** et **can't** sont invariables. Ils sont suivis d'une base verbale.

I can dribble.
I can't jump high.

FORME AFFIRMATIVE		
I / You		
He / She	**can**	swim.
We / They		

FORME NÉGATIVE		
I / You		
He / She	**can't (cannot)**	swim.
We / They		

À la forme interrogative, on doit inverser **can** et le sujet.

FORME INTERROGATIVE		
	I / You	
Can	he / she	handle a ball?
	we / they	

RÉPONSES BRÈVES		
Yes,	I / you / he / she / we / they	**can.**
No,		**can't.**

À quoi correspond **can** en français ? Est-il invariable également ?

Pronunciation → WB p. 96

La prononciation de **can** et **can't**
L'accentuation des adjectifs de caractère

3. LE DEGRÉ DE CAPACITÉ WB p. 90

Pour exprimer le degré de capacité on utilise…

• dans les phrases affirmatives :

can + base verbale + very/quite well

I can play basketball very / really / quite well.

• dans les phrases négatives :

can't + base verbale + at all

I can't play basketball at all.

5 Écris des phrases pour parler des capacités de ces personnes. Précise le degré.

a. Peter / cycle 

b. Emma / swim 

c. Liz and Alison / play badminton 

d. you / play football 

6 Mets les mots dans l'ordre pour former des questions.
Puis, réponds-y. Attention à la ponctuation.

a. play / you / curling / can?

b. throw / can / a / you / football?

c. mother / fast / your / run / can?

d. short / basketball / players / can / people / great / be?

4. LES ADVERBES DE NUANCE
WB p. 90

• Un adverbe est un mot invariable qu'on utilise avec un verbe ou un adjectif. Il permet de modifier le sens du verbe ou de l'adjectif, ou d'apporter une précision.

• Certains adverbes sont utilisés pour préciser à quel niveau ou à quel degré on se situe : un peu, beaucoup, à la folie…

\+

I am very / really agile.

I am quite agile.

I am a bit slow / lazy.*

I am not agile at all.

–

* On utilise normalement **a bit** avec des adjectifs négatifs.

• Ils se placent devant l'adjectif qu'ils nuancent, sauf **at all** qui s'emploie dans une phrase négative et se place en fin de phrase.

7 Traduis ces phrases.

a. Je suis très en forme.

b. Ils sont un peu paresseux.

c. Il n'a pas du tout l'esprit de compétition.

d. Je suis assez rapide.

8 À partir de ces adjectifs, écris des phrases pour parler de toi. Nuance ces adjectifs avec des adverbes.

athletic | healthy | active | fit | skilful | lazy | strong | competitive

5. LES CONJONCTIONS DE COORDINATION WB p. 93

Une conjonction de coordination est un mot invariable qui connecte deux parties d'une phrase. La conjonction de coordination peut servir à exprimer l'association, l'opposition ou encore l'explication.

• Pour associer deux éléments : **and**

You need to eat a lot of fruit and vegetables.

• Pour opposer deux éléments : **but**

You can eat a little butter but you can't eat a lot of fries.

• Pour introduire une explication : **because**

Apples are healthy because they contain a lot of vitamins.

9 Relie les deux propositions avec la bonne conjonction de coordination.

a. You can eat a lot of lettuce, carrots … tomatoes.

b. Rice and pasta are necessary … they are full of fiber.

c. You can't eat a lot of biscuits … you can eat a few.

My vocabulary

Banque d'exercices, p. 127
WB p. 94

J'observe et je mémorise.

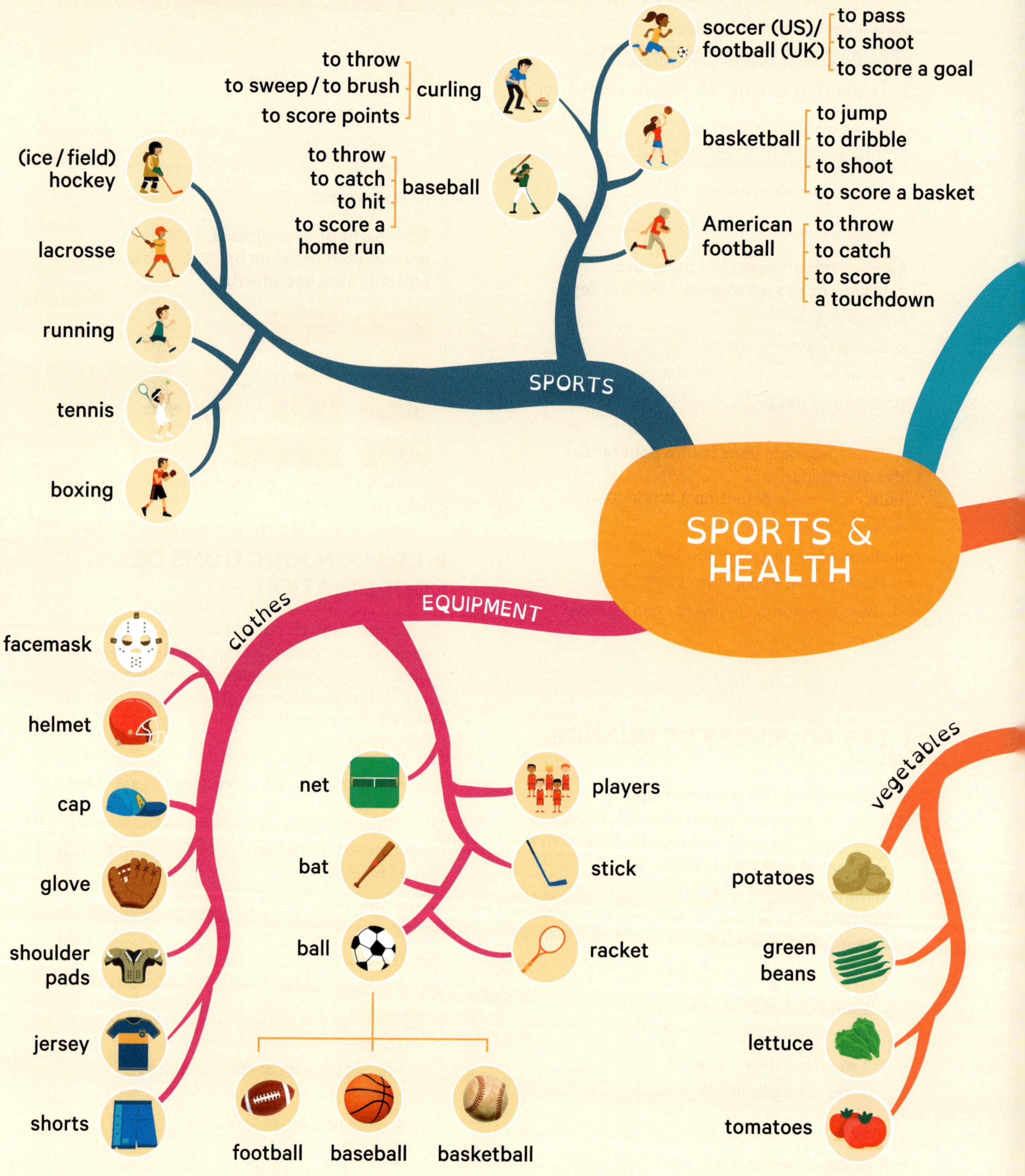

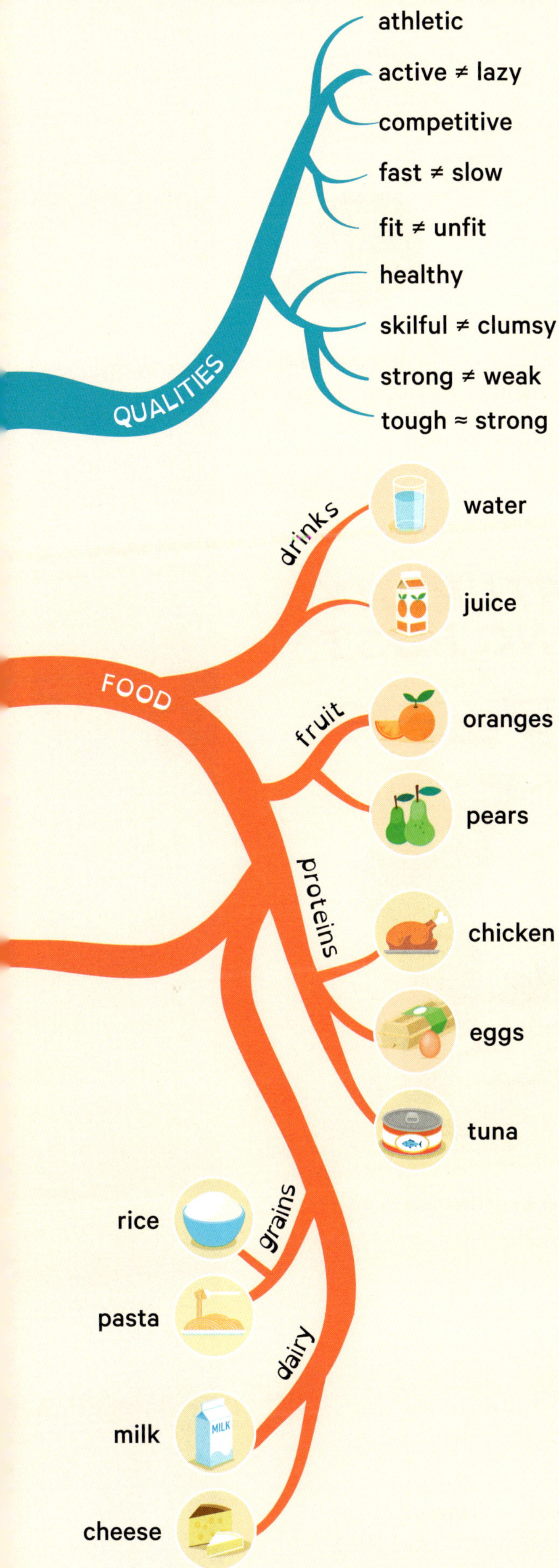

LES SPORTS ET LES ÉQUIPEMENTS SPORTIFS

1 Lis ces devinettes et trouve le nom des équipements correspondants.

a. It is a piece of clothing that covers the top of your body. Your name and number are usually on the back: ...

b. You use this piece of wood to hit a baseball: ...

c. It protects your head, nose and eyes: ...

d. It is a small black disk made of rubber: ...

e. You use it for hitting the ball, in tennis: ...

LES APTITUDES

2 Relie chaque adjectif à son contraire.

lazy	clumsy
strong	slow
skilful	active
fast	weak

LES ALIMENTS

3 Prépare un menu équilibré pour un(e) sportif(ve).

MONDAY	TUESDAY

Create your mind map!
Crée ta propre carte mentale en choisissant les sports, les aliments et les adjectifs qui te correspondent le mieux.

Today I'm writing about a typically American sport.

PARCOURS D'ÉDUCATION ARTISTIQUE ET CULTURELLE

I ♥ BASEBALL!

I play baseball at school. I love it! Baseball is a national passion in the USA. But baseball is played in other countries too, like Japan or Cuba, where they have excellent players. My favourite team is the L.A. Dodgers.

NORMAN ROCKWELL

American artist Norman Rockwell painted a lot of baseball pictures, as you can see on this magazine cover. I think it's great!

In the United States, many people like to collect baseball cards with the names and statistics of famous players. Some baseball cards are very rare, and they can cost thousands of dollars!

↑ This baseball card was sold in 2016 for 1 million dollars.

↑ Norman Rockwell, **Gramps at the Plate** (1916)

YOUR TURN!

1 **Read** the text and **find** three countries where baseball is played.

2 **Find** other paintings by Norman Rockwell in this book!

YOU ARE AN ARTIST!

Create your own version of a baseball card: **use** a picture of yourself and **invent** a name, a team, and some statistics (number of games won and lost, number of home runs, etc.).

Other Posts:

- Multicultural London
- Family Paintings
- Two Very Irish Activities
- Tim Burton's Houses
- London Fashion Design
- New York Skyscrapers
- Scottish Legends

Contributors:

Sheena

Tom

Tara

John

Kirstine

Your challenge

CREATE A POSTER TO PROMOTE YOUR SCHOOL CLUB

Invent a new sport for your American school and look for students to join in.

1. **Write about** your sport: give it a name, explain the rules, the equipment you need, etc.
2. **Invent** a mascot and **choose** your school colours.
3. **Explain** the qualities that your players need to have (tall, fast, etc.). **Give** some food recommendations to be a champ.
4. **Include** details about the person to contact, the place where you practise, the days and the time.
5. **Illustrate** your poster. **Make** it attractive, you need to encourage other students to join in!

Alternative numérique
Tu peux aussi faire une brochure numérique, en utilisant des logiciels de mise en page.

Pour bien réussir ton défi, fais le point sur ce que tu as appris dans cette unité avec le **CHECK YOUR SKILLS** de ton Workbook (p. 97).

AP

Comment utiliser ton cahier pour travailler avec plaisir ?

En 6e, chaque heure de cours te plonge dans un thème différent. Si tu ne gardais pas une trace écrite de tout ce que tu apprends, tes idées pourraient s'embrouiller. Heureusement, ton cahier est là pour te faciliter la vie !

1. Le classement ? La classe !

Garder une trace, c'est bien… La retrouver quand tu en as besoin, c'est mieux ! Pour cela, tu peux :

- numéroter les pages de ton cahier pour trouver rapidement ce que tu cherches,
- noter la date en haut des pages pour te repérer facilement dans le temps,
- colorier de couleurs différentes les angles des pages selon les sujets traités, ou bien noter le numéro du chapitre en bas des pages.

2. Comment copier ce dont j'aurai besoin ?

- Les mots et phrases du tableau sont à recopier avec soin. Tu peux lire les mots en les groupant par 4 ou 5 et les répéter dans ta tête en les copiant.
- Si tu n'arrives pas bien à lire au tableau, il est important de le dire.

Excuse me, but I can't read this!

3. Les mots ont besoin de respirer !

Pour mettre en valeur les mots importants et faciliter les révisions après le cours, tu peux :

- centrer les titres et les souligner de la même façon toute l'année,
- sauter des lignes ou séparer les sujets différents par des traits tracés à la règle.

4. Les mots : tous les mêmes ?

En 6e, tu découvres beaucoup de mots nouveaux. Pour les apprendre, tu peux les écrire en variant la forme ou la taille des lettres ou en les surlignant. Si tu es sensible aux couleurs, tu peux inventer un code selon les types de mots (les noms, les verbes…). Mais n'utilise pas plus de 4 couleurs !

5. Et ma liberté personnelle ? À la marge !

Utilise la marge comme un espace personnel pour :

- mettre en valeur les mots qui t'intéressent ou qui semblent mériter une attention spéciale,
- noter la traduction française des mots des autres langues,
- noter un synonyme, une courte définition, un mot qui résume le sujet d'un paragraphe, une illustration personnelle ou une expression mnémotechnique… tout est bienvenu !

6. Je n'oublie pas la décoration !

Illustrer et décorer ton cahier, c'est important. Cela ne prend que quelques minutes de temps en temps, et c'est une bonne façon de travailler avec plus de plaisir.

À TOI DE JOUER !

1 **Crée** le sommaire de ton cahier d'anglais !

a. Après avoir **numéroté** les pages de ton cahier, **prends** une feuille simple.

b. **Écris** sur chaque ligne les numéros des pages, puis leur titre ou leur sujet principal. Tu peux aussi **recopier** entre parenthèses quelques mots importants de la page.

c. Quand ton sommaire est complet, **colle-le** au début ou à la fin de ton cahier. Tu pourras le **consulter** juste avant les évaluations : la révision sera plus facile !

Va plus loin !

Rien de tel qu'un post-it ! Ce pense-bête pour petit(e)s malins (malignes) permet d'écrire les questions à poser d'un cours à l'autre, de noter une information, une définition ou des connaissances intéressantes à partager avec la classe. Que pourrais-tu expliquer ou demander lors du prochain cours ? Note-le sur un post-it collé dans ton cahier !

AP

Comment enrichir tes productions écrites en équipe ?

Tu dois réaliser une production écrite ? Après avoir effectué des recherches personnelles, le travail d'équipe est un excellent moyen de partager des idées et des méthodes de travail avant de finaliser ta mission.

1. Comment répartir les rôles ?

Trois éléments sont essentiels pour qu'un groupe fonctionne bien : l'organisation (animation du travail du groupe), la compétence (expertise de chaque membre) et l'ambiance (respect de ses partenaires).

Certains élèves du groupe auront pour mission de faire respecter ces trois règles d'or. D'autres devront accomplir des tâches spécifiques, en fonction de la production à réaliser. Et, bien sûr, tous les élèves partageront leurs informations !

2. Quelles sont les étapes à suivre ?

a. Travail en équipe (5 min) :

L'**animateur(trice)** fait reformuler la consigne pour s'assurer que tout le monde l'a comprise et pour préparer la répartition des tâches. Il (Elle) veille ensuite à ce que personne ne s'écarte du sujet.

b. Travail individuel (5 min) :

Chaque membre du groupe reprend les recherches personnelles qu'il a effectuées hors de la classe et réfléchit : comment va-t-il présenter le fruit de ses recherches à l'équipe ?

c. Travail en équipe (30 min) :

Guidés par l'**animateur**, les membres du groupe partagent leurs informations. Le (la) **maître(sse) du temps** veille à ce que l'équipe ne se fasse pas surprendre par l'heure. Le (la) **maître(sse) des voix** aide le groupe à parler doucement.

Avec l'aide de ses camarades, l'**expert(e)** classe les informations échangées pour sélectionner les renseignements intéressants, les résume sous forme de mots-clés et choisit les meilleures idées. Un(e) élève peut noter au brouillon les mots-clés dictés par l'**expert(e)** et approuvés par le groupe.

L'**arbitre** veille aux relations entre les membres du groupe : écoute de chacun(e), recherche d'un accord possible lorsqu'il y a des avis contraires, et respect des règles de politesse.

d. Travail individuel (10 min) :

Chacun(e) met au propre sur son cahier le résultat de la discussion, en s'aidant de la prise de notes de l'**expert(e)**.

Chaque élève a maintenant tout ce qu'il (elle) lui faut pour réaliser sa production écrite !

À TOI DE JOUER !

1 Le **challenge** de l'unité 6 consiste à **créer** un **poster** sur un sport américain (p. 93).
Pour le réaliser, vous aurez besoin de 3 rôles en plus des rôles principaux : un(e) artiste pour illustrer le poster, un(e) rédacteur(trice) pour écrire les textes et un(e) explorateur(trice) informatique pour chercher des sites internet utiles.
Lequel de ces rôles te correspond le plus ? Pourquoi ?

2 Le **challenge** de l'unité 1 consiste à créer le **yearbook** de la classe (p. 29).
Imagine que vous travailliez par groupes de 5.
a. **Liste** les 5 rôles que vous pouvez définir pour réussir l'intégralité de cette mission.
b. **Choisis** l'un des rôles et **explique** pourquoi.

Va plus loin !

Parmi les 8 formes d'intelligences décrites par l'américain Howard Gardner, l'intelligence interpersonnelle est celle qui nous permet de deviner les intentions et les sentiments des autres, et d'échanger avec eux de façon adaptée. Dans la classe, qui est la personne qui te semble avoir le plus d'intelligence interpersonnelle ? Que fait-elle pour que le groupe s'entende bien et pour résoudre les conflits éventuels ?

Unit 7

Qu'est-ce qui définit
la ville de New York ?

New York, New York

Dans cette unité, nous allons...

- raconter un séjour à Manhattan,
- découvrir l'histoire d'Ellis Island,
- en savoir plus sur les gratte-ciel new-yorkais,
- découvrir le concept de « melting pot ».

Your challenge

Raconter ton séjour
à New York...
en jouant aux dés !

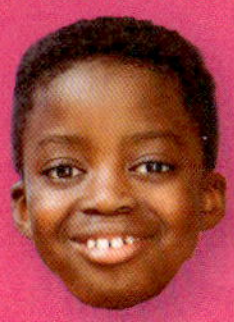

Hi, this is **TOM**, from New York City (USA). In this unit you'll learn about the history of NYC.

Central Park in New York City

VIDEO

DVD: 13

Lonely Planet Kids video, **Follow our New York City Trail!** (2016)

LET'S GO!

1. **Read** Tom and Kirstine's conversation. **Identify** all the names of places.
2. **Watch** the video about NYC.
   - **a.** Name some of the sights she visits.
   - **b.** Identify the two kinds of food she mentions.
   - **c.** What is 'The Whispering Gallery'?

1. Come to NYC!

Je raconte un séjour à Manhattan.

1 **Watch** a video about the top 10 New York City landmarks.
Find the places they mention on the map.
Take notes about what they say about each place. WB p. 98

VIDEO

DVD: 14

Watchmojo, **Top 10 New York City Landmarks** (2016)

Vocabulary CD: 42 MP3: 30

amazing /ə'meɪzɪŋ/ = **great** /ɡreɪt/ = **awesome** /'ɔːsəm/ = **astonishing**
classy: élégant(e), chic
charming /'tʃɑːmɪŋ/: charmant(e)
famous /'feɪməs/ = **popular** /'pɒpjələ/
fun: amusant(e)
iconic /aɪ'kɒnɪk/: emblématique
inspiring /ɪn'spaɪərɪŋ/
interesting /'ɪntrəstɪŋ/

an avenue /'ævənjuː/ = **a boulevard**
a bridge: un pont
a building /'bɪldɪŋ/: un bâtiment
a cathedral /kə'θiːdrəl/
a ferry
a harbour /'hɑːbə/: un port
an island /'aɪlənd/
a library /'laɪbrəri/
a market
a museum
a park
a restaurant
a skyscraper: un gratte-ciel
a train station /treɪn 'steɪʃən/

AP

Mila Studio, **New York Map** (2017)

2 **Read** the postcard Kirstine sent to her family. WB p. 100
Close your books. Try to **remember** the places they went to.

First they went to... Then... Finally...

PÉDAGOGIE DIFFÉRENCIÉE

Post Card

Dear Mum,

This is my first day in New York. It's an amazing city! In New York, there are lots of tall buildings, called skyscrapers. My favourite is the Chrysler Building (you can see it on the postcard). NY has lots of sights like the Statue of Liberty (it was a present from France!).

Tom and I went to Manhattan today. First we visited the American Museum of Natural History (we saw the famous Tyrannosaurus Rex!). It was really awesome. Then we walked around Central Park. There was a zoo in the park! Finally we went to the iconic Fifth Avenue. There were a lot of people, taxis and shops... it was fun! Tomorrow we want to visit Ellis Island.

Miss you, xxx

Kirstine

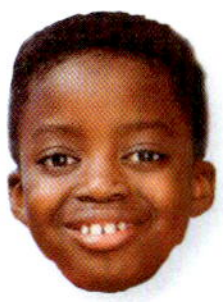

Did you know?
New York is famous for its cheesecake, bagels, cupcakes, and more... One of my favourite restaurants is Katz's Delicatessen, on the Lower East Side. It is famous for its pastrami sandwich. The place opened in 1888 and they still use the same recipe!

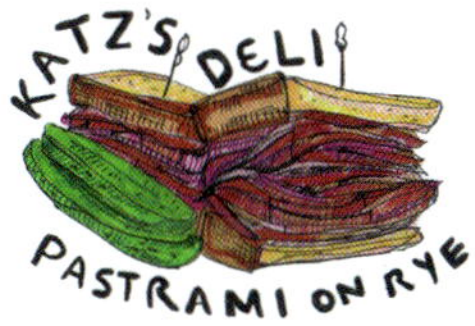

↑ Lindsey Frances, **Pastrami on Rye** (2015)

Le prétérit

We **went** to Manhattan.
We visit**ed** the museum.
We **saw** the Tyrannosaurus Rex.
It **was** awesome / fun...

There was a zoo.
There were a lot of people.

MINI CHALLENGE: A TOURIST EXPERIENCE

Lonely Planet is looking for firsthand information about different destinations for a new edition of their world-famous travel guides. WB p. 102

1. **Think about** a tourist experience (it can be real or imaginary).
2. **Take notes** about where you went, what you visited, what it was like, etc.
3. **Record** your presentation and **send** it to Lonely Planet.

In 2013 I went to the south of France. It was great. We visited Marseilles and... We went to...

2. The island of hope

Je découvre l'histoire d'Ellis Island.

1 **Read** the texts and **match** each sentence with the right text.
WB p. 103

PÉDAGOGIE DIFFÉRENCIÉE

a. He arrived in America with no family.
b. She was very sick on the boat.
c. She arrived in America five years after her father.
d. She arrived in Ellis Island in 1910.
e. The journey was awful.

My father went to America in 1906. Then he saved up money for the tickets to get us over here. He wanted his family. It took five years for him to save up enough money to take us over.

Sonya Kevar, arrived from Russia in 1911, age 13.

1

We spent eleven days on board ship. The first four days we were deathly sick, seasick, because we were down in the hold. The cheapest possible ticket… I was so sick, and I wanted to die. I was seven years old.

Rota Fichbach, arrived from Germany in 1926, age 7.

2

The trip from Europe was rough. The food was bad. We used to eat like beggars there, we ate sitting on the floor, with our plates next to us. White tin plates.

Tessie Croce, arrived from Italy in 1912, age 15.

3

Do you know how I felt when I left my home, my father and my mother? Terrible, terrible. That's how I felt. I was the first in my family to come.

Theodore Spake, arrived from Greece in 1911, age 16.

4

When we got to America, we saw the Statue of Liberty, and Mother said to me, "That means we are free." I remember her saying that. And to this day I think I'm a better American than a lot of them born here, because when I sing "God Bless America" I'm in tears.

Margaret Wertle, arrived from Hungary in 1910, age 7.

5

↑ Louise Peacock, **At Ellis Island: A History in Many Voices** (2007)

Vocabulary

CD: 43
MP3: 31

happy ≠ sad
lonely: seul(e)
rough /rʌf/: dur(e)
sick: malade

***a* beggar** /'begə/: un(e) mendiant(e)
***a* ship = *a* boat** /bəʊt/: un bateau
tears: des larmes
***a* trip = *a* journey** /'dʒɜːni/: un voyage

to arrive in = to get to (→ got)
to be seasick /'siːsɪk/: avoir le mal de mer
to come (→ came): venir
to eat (→ ate): manger
to feel (→ felt): sentir
to leave (→ left): partir
to save up money: économiser de l'argent
to say (→ said): dire
to spend (→ spent): passer
to take (→ took): prendre
to want: vouloir

↑ Statue of Liberty, New York City

2 **Watch** this scene about immigrants arriving in the USA. **Identify** the different parts of the journey they had to endure. WB p. 104

VIDEO

DVD: 15

Francis Ford Coppola, **The Godfather II** (1974)

PARCOURS CITOYEN

Melting pot

Look at the picture.
Can you explain it?

CD: 45
MP3: 32

Vocabulary

dangerous /'deɪndʒərəs/
difficult /'dɪfɪklt/
poor /pɔː/ ≠ **rich**

a bag ≈ **a baggage** /'bægɪdʒ/
belongings /bɪ'lɒŋɪŋz/ = **personal objects**
an immigrant
a prison /'prɪzn/

to be free /friː/: être libre
to be married /'mærid/: être marié(e)
to become /ʌ/ (→ **became** /eɪ/): devenir
to have money /'mʌni/
to interview /'ɪntəvjuː/
to return /rɪ'tɜːn/

Les marqueurs de temps

In 1906... / **From** 1880 **to** 1930...
100 years **ago**...
In the past...
In those days...

3 **Listen to** the Ellis Island audio guide. **Take notes** about each step of the visit. **Find** the names of rooms 1, 2, 3 and 4. WB p. 105

CD: 44

AP

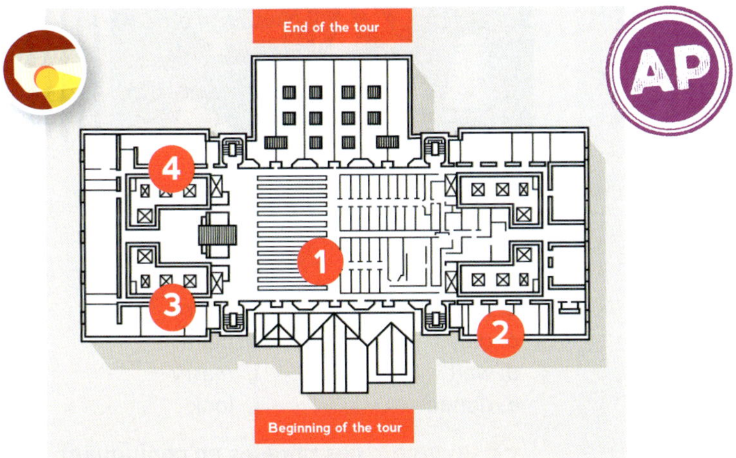

MINI CHALLENGE: AN IMMIGRANT'S STORY

You tell an immigrant's story. WB p. 107

1. **Read** the information about an immigrant's voyage to Ellis Island.
2. **Imagine** her name, her country of origin, the people she travelled with, her feelings, etc.
3. **Write** a text about her experience in the first person. You can **add** or **change** some of the information.

- leave her village (March 1900)
- board the boat (April 1900)
- cross the ocean (2 weeks)
- see the Statue of Liberty (26th June morning)
- arrive in Ellis Island (26th June afternoon)

I left Italy
5 months ago...

My grammar → Banque d'exercices p. 128

1. BE AU PRÉTÉRIT

Le prétérit est le temps qui permet le plus souvent de parler du passé et de bien montrer qu'on s'éloigne du temps présent.

• **Be** est le seul de tous les verbes à avoir deux formes au prétérit (singulier et pluriel).

FORME AFFIRMATIVE		
I / He / She	**was**	very poor at the time.
You / We / They	**were**	very poor at the time.

• On l'utilise aussi avec **there** pour exprimer l'existence de quelque chose au passé. **There was / were** correspond à « il y avait » en français.

There was a zoo.
There were a lot of people.

2. LA FORMATION DU PRÉTÉRIT

WB p. 100

En anglais, on distingue les verbes réguliers des verbes irréguliers.

• Pour former le prétérit d'un verbe régulier, on ajoute généralement **-ed** à la base verbale.

visit → visited

• Pour les verbes terminés en **-e** : on ajoute **-d** à la base verbale.

arrive → arrived

• Pour les verbes terminés en consonne + **-y** : **y** est remplacé par **i**.

cry → cried

• Pour les verbes d'une syllabe, on double parfois la consonne finale.

stop → stopped

Pronunciation → WB p. 110

La prononciation de la marque « **-ed** »
La discrimination auditive base verbale / prétérit

Il existe aussi des verbes irréguliers qu'il faut apprendre par cœur.

become → became
come → came
do → did
eat → ate
feel → felt
get → got
go → went
have → had
leave → left
make → made
say → said
see → saw
spend → spent
take → took

1 Conjugue ces verbes réguliers au prétérit.

a. like → liked
b. carry
c. play
d. wait
e. dance
f. cross
g. board
h. believe
i. marry
j. look

2 Complète ces phrases en conjuguant ces verbes au prétérit.

a. My uncle .... (visit) us last weekend.
b. Yesterday I .... (listen) to Italian music.
c. We .... (study) hard for the History exam.
d. I .... (wait) for the school bus for 20 minutes.
e. Yesterday night, somebody .... (knock) at the door.
f. The bus .... (be) full so we .... (walk) to the museum.
g. Her father .... (be) sick when they .... (arrive) in Ellis Island.

3. LES MARQUEURS DE TEMPS AU PASSÉ WB p. 106

Les marqueurs de temps sont des mots (ou des groupes de mots) qui permettent de préciser quand a lieu une action. Voici quelques marqueurs de temps utilisés au passé :

(day / week / month / year) + ago

I went to New York two years ago.
(Je suis allé(e) à New York il y a deux ans.)

yesterday

Yesterday I visited the MoMa, the Museum of Modern Art.
(Hier j'ai visité le MoMa, le Musée d'art contemporain.)

last + nom (week / night / month / year)

Last year I went to New York.
(L'année dernière, je suis allé(e) à New York.)

in + date / période

In 1910, a lot of people arrived in New York.
(En 1910, beaucoup de gens sont arrivés à New York.)

In those days / In the past, New York was a rough city.
(À cette époque / Autrefois, New York était une ville dure.)

from... (date / période) to... (date / période)

From 1880 to 1930, 12 million immigrants arrived in the USA.
(De 1880 à 1930, 12 millions d'immigrants sont arrivés aux États-Unis.)

first / then / finally

First, we visited the American Museum of Natural History.
(D'abord, nous avons visité le Musée américain d'histoire naturelle.)

Then, we walked around Central Park.
(Puis, nous nous sommes promenés dans Central Park.)

Finally, we went to the Fifth Avenue.
(Enfin, nous sommes allés sur la Cinquième Avenue.)

Observe **ago**. Y a-t-il un marqueur de temps équivalent en français ? Où se place-t-il dans la phrase ?

3 Complète ces phrases avec le marqueur de temps qui convient.

a. He lived in Washington .... 1998 .... 2016.
b. .... 1980 there were fewer people in NYC.
c. .... week I went to the American Museum of Natural History.
d. I was in Brooklyn two years .... .

4 Traduis ces phrases en anglais.

a. De 1973 à 1984, mes grands-parents ont vécu aux États-Unis.
b. À cette époque, la ville était très dangereuse.
c. En 1984, ils ont quitté les États-Unis et ils sont venus en France.
d. D'abord, ils ont vécu à Lyon.
e. Ensuite, ils sont allés à Grenoble.
f. Enfin, ils sont arrivés à Bordeaux.

5 Mets ces événements dans l'ordre.

a. We went to our hotel in Manhattan. ....
b. We left home. ....
c. We arrived in New York. ....
d. We visited Grand Central Station. ....
e. We went to the airport. ....
f. It was great! ....

J'observe et je mémorise.

My vocabulary

→ Banque d'exercices, p. 128
→ WB p. 108

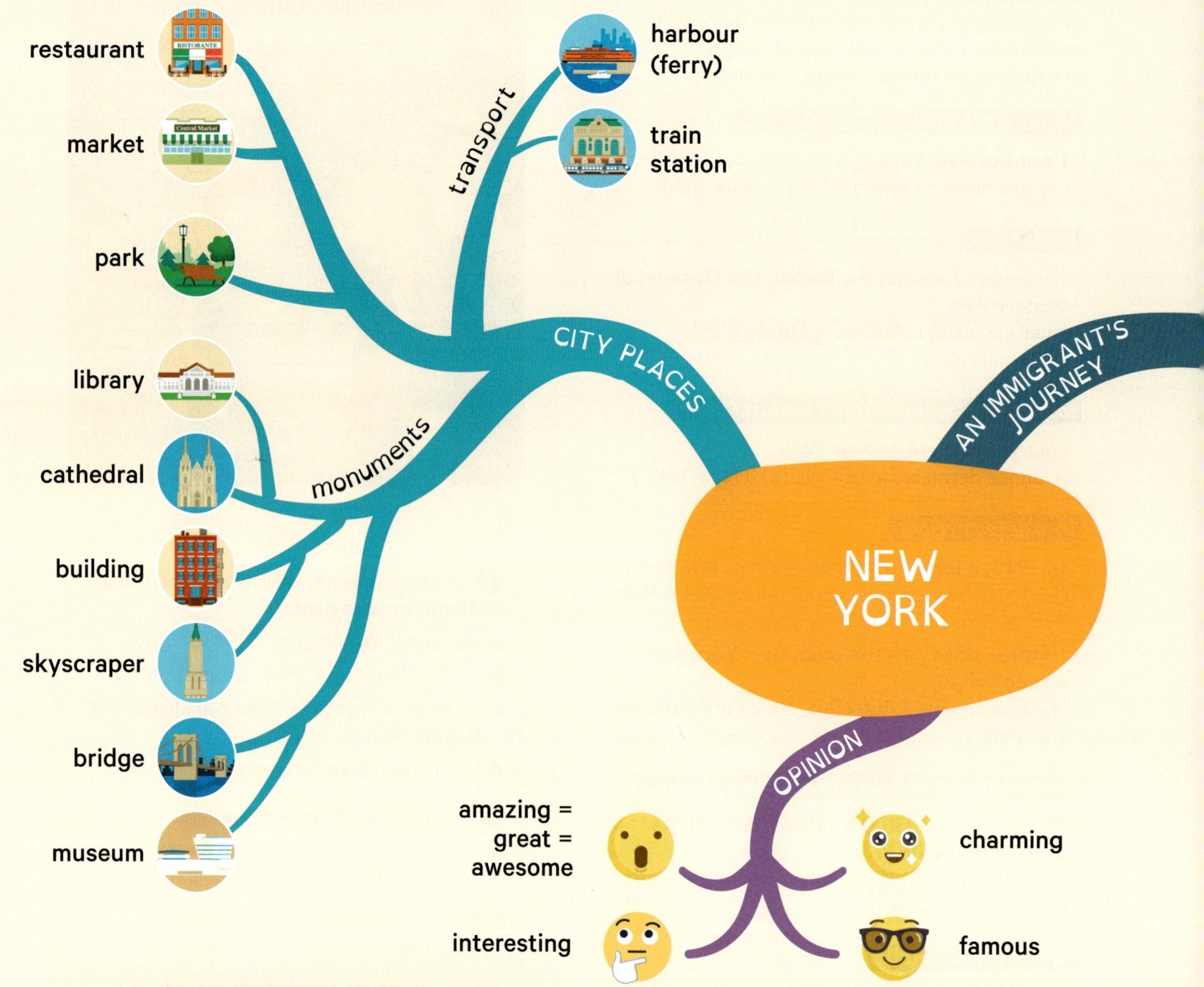

SOME FAMOUS PLACES

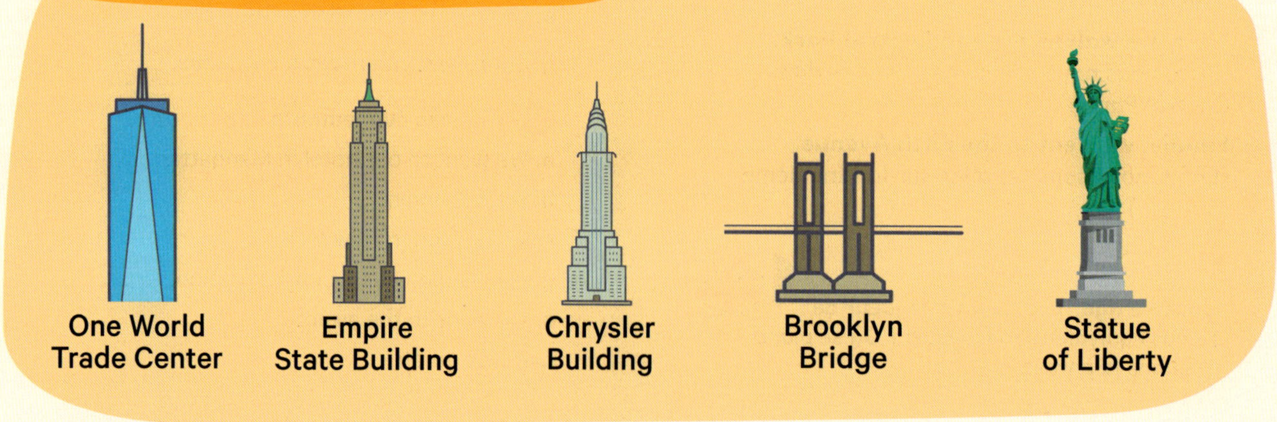

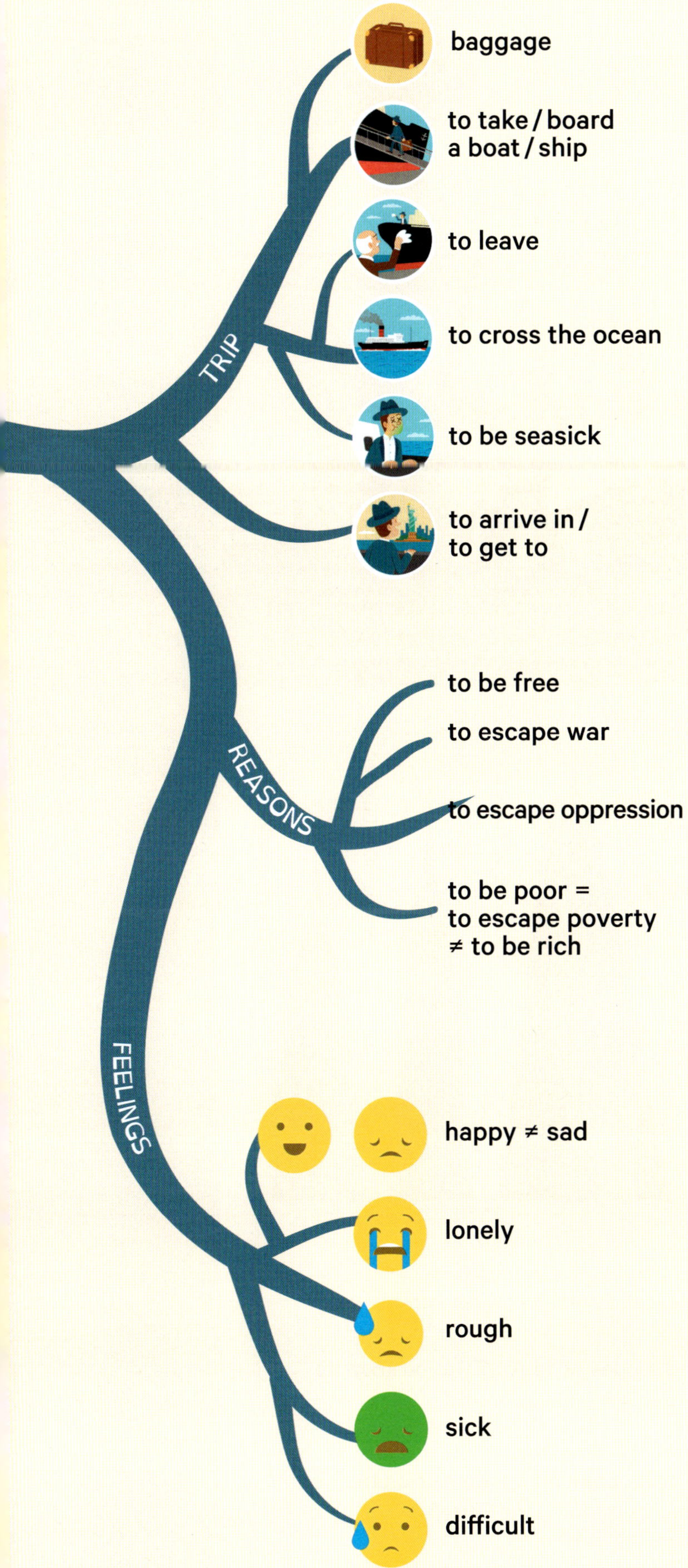

LES LIEUX DE LA VILLE

1 Associe chaque action avec le lieu qui lui correspond.

take a train	museum
walk around	train station
take a boat	hospital
cross a river	bridge
see a doctor	harbour
learn about history	park

LE VOYAGE ET LES SENTIMENTS

2 Complète chaque phrase avec un adjectif. Plusieurs réponses sont possibles.

a. I really liked the trip to NYC; it was ....!

b. I was .... to leave the country after such good holidays.

c. I was alone at home, I felt .... before coming to this big city full of people everywhere.

d. I was really .... to come and meet you for the first time, you're so nice.

e. It was quite .... at the beginning to find my way in this country.

3 Trouve l'intrus. Justifie ton choix.

a. poverty – freedom – oppression – war

b. library – cathedral – museum – park

c. interesting – charming – rough – awesome

Create your mind map!
Crée ta propre carte mentale sur les différents lieux de ta ville / de ton village et sur ce que tu penses d'elle / de lui.

www.thecultureblog.emdl

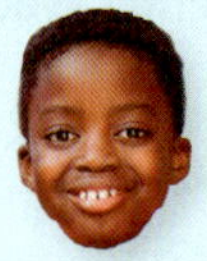

Today I'm writing about skyscrapers, a symbol of New York City!

PARCOURS D'ÉDUCATION ARTISTIQUE ET CULTURELLE

NEW YORK SKYSCRAPERS

In this famous black and white photograph, taken in 1932, you can see construction workers having lunch high in the sky. They are working on a skyscraper, so their position is very dangerous!

Anonymous, **Lunch atop a skyscraper** (1932)

What I love most in New York are the skyscrapers! They are tall buildings (more than 50m high) with multiple floors: at least 40 to 50 floors! Can you imagine? Many people work there. Some especially tall skyscrapers (300 metres high) are called "Supertall".

The most famous skyscrapers in the United States are on the island of Manhattan: the Empire State Building, the Chrysler Building and the One World Trade Center (or 1WTC) are very popular destinations. The 1WTC was finished in 2013, and it is the tallest building in North America.

YOUR TURN!

1. **List** the different New York City skyscrapers in the text. Do you know any other skyscrapers that are in another city?
2. The 1WTC replaced another famous building that disappeared in 2001. Do you know its name? What happened in 2001?

YOU ARE AN ARTIST!

Create a poster to compare the sizes of famous buildings. **Look for** information on the Internet: how tall are the skyscrapers in Tom's text? And how tall is the Eiffel Tower? Now you can **present** your information in a visual form.

Other Posts:

Contributors:

Sheena

Tom

Tara

John

Kirstine

Your challenge

TELL YOUR STORY ABOUT NEW YORK

Imagine that you went to New York…
Roll the dice and tell your story!

1. **Divide** the class into three groups.
2. Each group **cuts out** four dice shapes and **completes** them with:
   a. places to visit in New York,
   b. the time of your trip,
   c. who you went with,
   d. your opinion about the trip.
3. **Glue** the four dice into perfect cubes.
4. Each group **picks** two students to be judges.
5. Each student **rolls** the full set of dice and **tells** his / her story.
6. The judges **give** points (1 to 5) to each student.
7. The first team to **reach** 25 points is the winner!

Alternative numérique
Enregistre ton histoire sur New York avec un logiciel d'édition d'audio !

Pour bien réussir ton défi, fais le point sur ce que tu as appris dans cette unité avec le **CHECK YOUR SKILLS** de ton Workbook (p. 111).

Qu'est-ce qui peut nous attirer en Écosse ?

Unit 8
A trip to Scotland

Tom
Hi Kirstine! What's the weather like today in Glasgow? It's sunny here in New York. 12:52

Kirstine
Not bad. At least it isn't raining. And summer is coming soon. By the way, where are you going for your summer holidays? 12:53

Tom
I'll probably go to Florida with my parents. What about you? 12:54

Kirstine
Maybe we'll go to the Highlands. That's in the north of Scotland, not very far from Glasgow. 12:54

Tom
What will you do in the Highlands? 12:55

Kirstine
I suppose we'll visit some castles, see some lochs... I'm excited! 12:55

Tom
Have a great time! 👍 12:56

Dans cette unité, nous allons...

- parler de circuits touristiques et de météo en Écosse,
- organiser des activités de vacances à Glasgow,
- découvrir deux légendes écossaises,
- parler des moyens de transport qui respectent l'environnement.

Your challenge

Organiser un circuit touristique de quatre jours en Écosse.

Hi, I'm **KIRSTINE**, from Glasgow (Scotland). In this unit you'll learn about my country.

↑ A castle in ruins on the shore of Loch Ness

VIDEO

DVD: 16

↑ Visit Scotland, **Surprise Yourself** (2013)

LET'S GO!

1 **Read** Kirstine's conversation.
Say what is wrong in these sentences.

a. It's raining in Glasgow.

b. Tom will go to California in the summer.

c. The Highlands are in the south of Scotland.

2 **Watch** the video about Scotland.
Choose the words that best describe the country.

1. We'll visit Loch Ness!

Je parle de circuits touristiques et de météo en Écosse.

1 Look at this leaflet about Scotland. The guide has mixed up the pictures and the texts. Help him match them. WB p. 112

1

MAGIC NORTH TOUR

This five-day Scotland tour through the **Highlands** will take you to spectacular scenery where you'll have some unforgettable experiences. You'll go monster hunting in **Loch Ness**, ride the Jacobite train to go east to the capital, **Inverness**, and explore the impressive mountains around **Glencoe**. Get ready to connect with nature!

2

PEACE & NATURE TOUR

Take this three-day tour to explore the romantic **Isle of Skye**. You'll hike a 50-mile-long path among spectacular moors, mountains, lochs, waterfalls and sea cliffs. You'll also find many castles, museums, art galleries, and more. But mostly, you'll enjoy the peace and quiet of this island of colourful houses.

3

CULTURE & SPORTS TOUR

This tour will start in **Edinburgh**, a wonderful city. We'll spend three days visiting the castle, the Scottish National Gallery, the Princess Street Gardens, etc. Then we'll continue up to **Stirling Castle**. On day five we'll get to **Loch Lomond** to enjoy some water activities (swimming, kayaking, etc.). We'll finish our tour back south in **Glasgow**, the city of culture and architecture.

2 Listen to a couple who wants to visit Scotland. Say which tour you think they will choose and why.

CD: 46

WB p. 113-114

PÉDAGOGIE DIFFÉRENCIÉE

I think that they will take the... tour because...

3 Imagine you have decided to visit Scotland. Choose one tour and justify.

Personally, I would love to take...

CD : 47
MP3: 33

Vocabulary

- **impressive**
- **romantic**
- **spectacular**
- **unforgettable** /ʌnfəˈgetəbl/: inoubliable
- **wonderful**: merveilleux(euse)
- **a castle** /ˈkɑːsl/: un château
- **a cliff**: une falaise
- **an island**
- **a loch** /lɒk/ (**lake** /leɪk/)
- **a moor** /mɔː/: une lande
- **a mountain** /ˈmaʊntɪn/
- **a river**
- **a waterfall** /ˈwɔːtəfɔːl/: une cascade
- **to enjoy**: profiter
- **to explore** /ɪkˈsplɔː/
- **to go kayaking**
- **to go sightseeing** /ˈsaɪtsiːɪŋ/: faire du tourisme
- **to hike** /haɪk/: faire une randonnée
- **to ride** /raɪd/ **a train**: prendre un train

Will + base verbale

We **will** (**'ll**) visit a castle.
You **will not** (**won't**) miss the famous castle.
I **would** (**'d**) **like**/**love to** visit the Isle of Skye.

CD: 48

4 Listen to a weather forecast and place the symbols and the temperatures on the map. WB p. 116

AP

Mila Studio, **Map of Scotland** (2016)

CD: 49
MP3: 34

Vocabulary

- **cloudy** /'klaʊdi/
- **rainy ≠ dry** /draɪ/
- **snowy:** neigeux(euse)
- **sunny:** ensoleillé(e)
- **windy:** venteux(euse)
- **a shower** /ʃaʊə/: une averse
- **a thunderstorm** /'θʌndəstɔːm/: un orage
- **the temperature** /'temprətʃə/

LET'S PLAY...

The secret word game

1. Two students (contestants) **stand** in front of the board.
2. Another student **writes** a secret word from this unit on the board that everybody except the contestants can see.
3. Contestants **take turns pointing at** different classmates, who have to **say** a word that can **help** them find the secret word.
4. The contestant who **guesses** the secret word **stays** in front of the board.
5. The student who **gives** the last clue **replaces** the other contestant.

MINI CHALLENGE: A LEAFLET ABOUT SCOTLAND (Groupwork)

SCOTTISH4YOU is launching two-day tours in Scotland.
Design the leaflet for one of them. WB p. 117

1. **Choose** a type of tour (nature, adventure, history, etc.).
2. **Look for** places to visit and things to do in this lesson and on the Internet.
3. **Organize** them in days: two activities per day.
4. **Find** attractive pictures.
5. Each student of the group **writes** a text for each place, **explaining** what visitors will do and see on that particular day. You can **include** information about the weather.
6. **Design** your leaflet, **including** the pictures and the texts.

2. Let's go to Glasgow!

J'organise des activités de vacances à Glasgow.

CD: 50
MP3: 35

1 **Imagine** you have two days in Glasgow.
Read the information. WB p. 118
Answer the questions.

a. Where will you go if you want to see great paintings?
b. Where can you go on a Saturday at 9:30 am?
c. What can you visit every day from 9.45 am to 5.15 pm?
d. Where will you go if you like vehicles?
e. What will you see if you visit the Lighthouse?
f. Where will you go if you want to go shopping?

Vocabulary

- **an art** /ɑːt/ **gallery**
- **a cathedral** /kəˈθiːdrəl/
- **the city centre:** le centre-ville
- **an entrance fee** /fiː/: un droit d'entrée
- **an exhibition:** une exposition
- **a lighthouse** /ˈlaɪthaʊs/: un phare
- **a museum** /mjuːˈziːəm/
- **opening hours** /aʊəz/: horaires d'ouverture
- **a shopping area** /ˈeəriə/: une zone commerciale

La phrase conditionnelle

If you **go** to Kelvingrove, you **will see** great art.

Rosemary Cunningham, **The Glasgow Alphabet Map** (2014)

1 The **Lighthouse** is a centre for design and architecture. It contains original objects, interactive touch screens and architectural models.
Opening hours: Monday-Saturday 10.30am-5pm / Sunday 12pm-5pm
Entrance fee: free entry

2 **Kelvingrove Art Gallery and Museum** is one of Scotland's most popular free attractions. It houses one of Europe's best art collections (Dalí, Rembrandt, Van Gogh, Gauguin and more).
Opening hours: Monday-Thursday & Saturday 10am-5pm / Friday & Sunday 11am-5pm
Entrance fee: free entry

3 At the **Glasgow School of Art**, one of the masterpieces of Charles Rennie Mackintosh, Scotland's most famous architect, you will discover Glasgow's creative past and present through design.
Opening hours: 7 days 9.45am-5.15pm
Entrance fee: £3.50

4 The **Riverside Museum** houses some of the world's finest vehicles, including boats, cars, skateboards and bikes.
Opening hours: Monday-Thursday & Saturday 10am-5pm / Friday & Sunday 11am-5pm
Entrance fee: free entry

5 The **Glasgow cathedral** is one of Scotland's most magnificent medieval buildings and a fantastic way to travel back in time.
Opening hours: Monday-Saturday 9.30am-5.30pm / Sunday 1pm-5pm
Entrance fee: free entry

6 The **Botanic Gardens** is located in the West End of Glasgow. It's the best Garden in the city, and it houses the National collection of tree ferns.
Opening hours: 7 days 7am-6pm
Entrance fee: free entry

7 **Buchanan Street** is a pedestrian boulevard lined with beautiful buildings and some of the city's finest shops.

CD: 51

2 **Listen to** Naomi, an American tourist, calling the Tourist Information Office in Glasgow. What will she visit? How will she go to each place? **Write** her itinerary and the transport she will take.

WB p. 119

PÉDAGOGIE DIFFÉRENCIÉE

Naomi will visit...

Did you know?
The name 'Glasgow' comes from a Gaelic phrase meaning 'green valley' or 'dear green place'. Scottish Gaelic is an old Celtic language, very different from English.

LET'S PLAY...

The future tense chain game (Groupwork)

1. A student **says** a hypothetical sentence about the future.
2. The next student **says** a new sentence that includes the last part of the previous one, and so on.

If I go on holiday, I will go to Scotland.

If I go to Scotland, I will...

PARCOURS CITOYEN

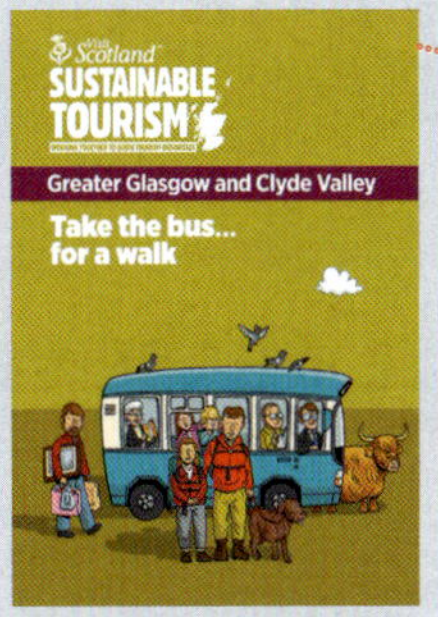

Eco-friendly transport

1. Look at the picture. What can you see?
2. Which means of transport are more eco-friendly?

Visit Scotland, **Sustainable tourism** (2011)

CD: 52
MP3: 36

Vocabulary

What are the opening hours?
How much does it cost?
How can I get there?
Is it worth going / visiting?

Les expressions de temps

She will visit the Cathedral **before** she goes to the Riverside Museum.

La suggestion

Why don't we...?
What about...?
How about...?
Let's...!

MINI CHALLENGE: 24 HOURS IN GLASGOW (Pairwork)

STUDENT A: You are a tourist in Glasgow. WB p. 123

1. **Choose** two places from the list that your teacher will give you.
2. **Give** your choice to Student B.
3. **Prepare** questions to learn about: the price, the opening hours, the means of transport, what you will be able to do or see there, etc.

Hello! Can I help you?

STUDENT B: You work at Glasgow's Tourist Information Office.

1. **Read** the leaflet that your teacher will give you.
2. **Write down** information for each place: the price, the opening hours, the exact location, what you can do or see there, etc.
3. **Prepare** your answers to Student A.

Together, **play** the situation: Student A meets Student B.

Yes, please! I want to go to...

My grammar

⇢ Banque d'exercices p. 129

1. WILL + BASE VERBALE

WB p. 115

En anglais, pour exprimer le futur, on peut utiliser l'auxiliaire **will**.
Il est invariable.
Il est toujours suivi d'une base verbale.

I will visit Glasgow next week.
I won't (will not) forget to visit the castle.
Will you bring me a gift from the art gallery?
Yes, I will.
No, I won't.

• **Will** est un auxiliaire qui exprime la certitude que quelque chose va se passer. C'est pourquoi on retrouve souvent cet auxiliaire dans les bulletins météo, par exemple :

It will rain in the North of Scotland.
I will be snowy in Glasgow next week.

• En français, on peut traduire cette forme par un futur simple (« Je serai à Glasgow la semaine prochaine. »).

1 Réponds aux questions suivantes.

a. Will it rain tomorrow? ...
b. Will you have pizza for dinner? ...
c. Where will you go on holiday this summer? ...

2 Indique le temps qu'il fera en Grande-Bretagne demain.

Pronunciation ⇢ WB p. 126

La prononciation de **will**
Le rythme de la phrase

2. LA PHRASE CONDITIONNELLE

WB p. 121

Si l'on veut imaginer une situation ou indiquer une possibilité, on peut utiliser une phrase conditionnelle.
Cette phrase se compose de deux parties :

• d'une part, la partie commençant par **if** + verbe au présent. C'est l'hypothèse de départ. Elle peut se placer en début ou en fin de phrase.

If I visit Scotland, ...

• d'autre part, la conséquence. C'est ce qui va se produire si l'hypothèse de départ est confirmée. Elle s'exprime avec le verbe associé à **will**.

...I will go to Glasgow.

4 Complète ces phrases avec la forme correcte des verbes entre parenthèses.

a. If I ... (go) to Scotland, I ... (visit) Loch Ness.
b. I ... (not be) happy if I ... (not see) Edinburgh Castle.
c. If he ... (come) to Glasgow, I ... (take) him to Loch Lomond.
d. If it ... (rain), they ... (not go) to the Isle of Skye.
e. If I ... (visit) Scotland this summer, I ... (have) two weeks to see the country.
f. She ... (take) a taxi if she ... (be) tired after the visit.

5 Que feras-tu quand tu gagneras ta vie ? Observe les dessins et fais une phrase pour chacun d'eux.

En français, les terminaisons du futur changent à chaque personne. En anglais, c'est plus facile : c'est **will** à toutes les personnes.

3. LES EXPRESSIONS DE TEMPS

WB p. 122

En anglais, les expressions de temps sont introduites par de petits mots (des connecteurs) comme **when**, **before** ou **after**. Ces mots relient deux idées pour faire une phrase plus élaborée.

• Au futur, seul le verbe de la proposition principale porte la marque du futur avec **will**. Le verbe de la proposition subordonnée est simplement conjugué au présent.

I think I will visit the castle. + I will go to the lake.

I think I will visit the castle after I go to the lake.

6 Choisis la forme verbale qui convient.

a. I'll prepare the picnic before you **come / 'll come**.

b. When you get up, we **go / 'll go** kayaking.

c. After we visit the Botanic Gardens, Kirstine's dad **drives / will drive** us to the lake.

d. Don't worry! I'll watch you carefully when you **go / will go** for a swim in the lake.

4. LA SUGGESTION WB p. 122

Pour proposer à des gens de participer à des activités, on a plusieurs solutions :

• employer une forme exclamative :

let's + base verbale

Let's go to the mall today.

• employer une forme interrogative :

How about + V-ing?

What about + V-ing?

How about watching a movie this weekend?

Why don't we + base verbale?

7 Formule ces suggestions d'une façon différente.

a. We can relax in Victoria park.

b. Let's taste some traditional Scottish food.

c. We can discover wonderful landscapes in the Highlands.

d. What about writing a travel blog to share our experiences?

e. Let's take a picture in front of the castle.

8 Tu fais un circuit touristique en Écosse avec des amis. Propose-leur les quatre activités ci-dessous.

1

2

3

4

My vocabulary

→ Banque d'exercices, p. 129
→ WB p. 124

J'observe
et je mémorise.

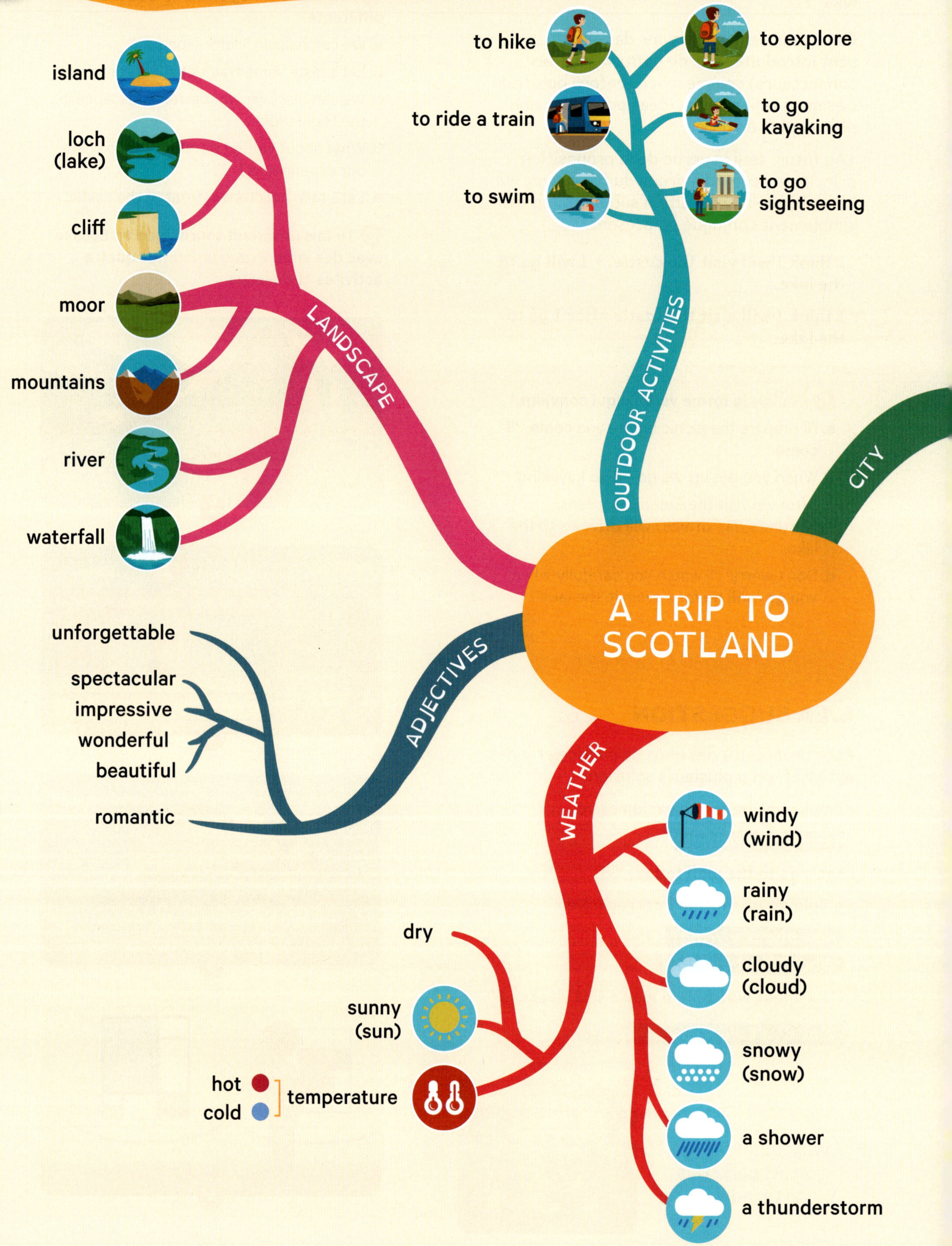

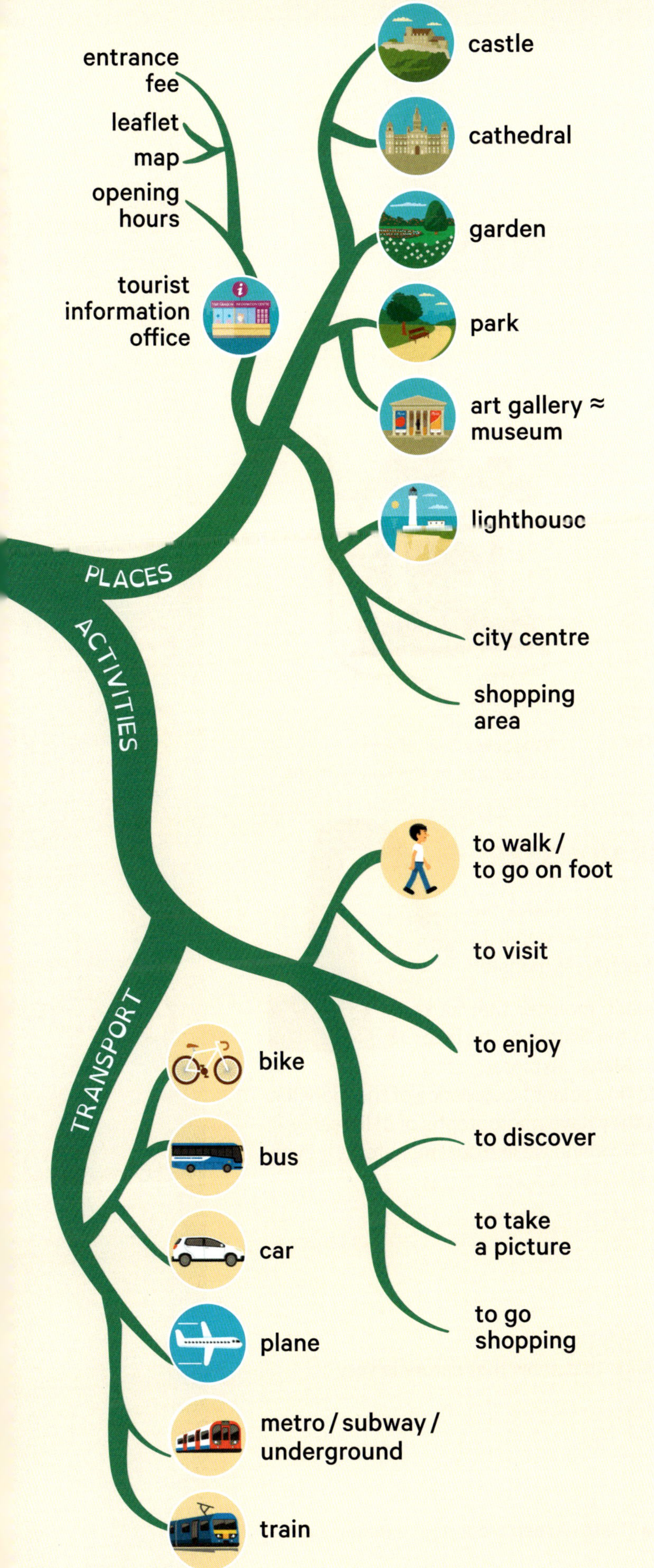

LES ACTIVITÉS DE PLEIN AIR ET LES PAYSAGES

1 Trouve l'intrus dans chaque liste.

a. lake | moor | waterfall | river

b. to go kayaking | to swim | to hike

LES ADJECTIFS

2 Quels adjectifs utiliserais-tu pour qualifier ces lieux ?

a. a place you will always remember: ....

b. a place you choose to tell someone you love him / her: ....

LA MÉTÉO

3 Complète ces phrases.

a. Kirstine is wearing sunglasses because it is ....

b. Tomorrow, it will be very ...., the temperature will be around -5°C.

c. It is very .... today, I hope it doesn't rain.

d. Don't forget your umbrella, it will be .... all day.

e. High temperatures, the weather will be .... .

LA VILLE

4 Complète ces phrases.

a. If you visit the ...., you will see beautiful paintings.

b. Kings and Queens lived in this .... before.

c. I have to buy a ...., I am completely lost.

d. You can have a picnic in the .... .

e. Very often, the tourist information office is in the .... .

f. You don't have to pay an .... to visit the cathedral.

LES MOYENS DE TRANSPORT

5 Retrouve 4 moyens de transport et 4 monuments.

BAYWUS | DREHACLAT | RODUEDRGUNN

RALYGLE | RTIAN | CLESAT | ARC

Create your mind map!
Crée ta propre carte mentale sur tes vacances idéales : sélectionne les mots correspondant à tes activités favorites, à ta météo de rêve, à tes endroits préférés...

Today I'm writing about two Scottish legends.

PARCOURS D'ÉDUCATION ARTISTIQUE ET CULTURELLE

SCOTTISH LEGENDS

Scotland is a land of myths and legends. Here are two examples I like!

THE SALMON AND THE RING

The city of Glasgow is represented by a coat of arms. Look at it. There is a salmon with a ring in its mouth. Do you know why?

A long time ago, a Scottish queen gave a ring to a soldier. The king discovered this and he was furious! He met the soldier by a river, took the ring and threw it in the water. The legend says that St Mungo miraculously returned the ring by catching a salmon and finding the ring in its stomach. Today, St Mungo is the patron saint of Glasgow: some people think that he protects the city!

Glasgow's Coat of Arms, as featured on the Kelvin Bridge

A photo of Nessie taken in 1934. In fact, we learned in 1993 that it was not real.

THE LOCH NESS MONSTER

Loch Ness is a huge, beautiful lake, but the reason why many people come to visit the place is... the Loch Ness monster!

The legend of an aquatic monster that looks like a dinosaur living in the waters of the lake is very well-known. Many explorers and scientists have tried to find scientific evidence of the monster. Some people say that they have photographs of it! In reality, it is only a legend, but in Scotland we like our "monster"... It even has a nickname: Nessie.

YOUR TURN!

1 **Look** at the pictures, **read** the texts and **answer** the questions.

a. What are the two common elements in the legends that show that nature is very important in Scotland?
b. Does the Loch Ness monster really exist?
a. Who was St Mungo?

YOU ARE AN ARTIST!

Create your own Nessie: **draw** it, **paint** it or **compose** it with elements cut from a magazine.

Other Posts:

- Multicultural London: India
- Family Paintings
- Two Very Irish Activities
- Tim Burton's Houses
- London Fashion Design
- I Love Baseball
- New York Skyscrapers

Contributors:

Sheena

Tom

Tara

John

Kirstine

Your challenge

PLAN A TRIP TO SCOTLAND

Student A: You decide to go to Scotland this summer for four days.

1. **Take notes** about the activities you would like to do (culture, adventure, etc.) and the places you'd like to see (cities, lakes, castles, etc.).
2. **Give** your notes to Student B.
3. **Call** your penfriend on Skype and **agree** on an itinerary.
4. Don't forget to **make** your own **suggestions** and to **ask questions** about the places.

Student B: You are Scottish. Help your French penfriend organize his / her four-day trip to Scotland.

1. **Read** your penfriend's notes.
2. **Prepare** a tour for him / her based on his / her preferences.
3. **Suggest** the itinerary.
4. Be ready to **give information** about the weather, the means of transport, etc.

Alternative numérique

Vous pouvez utiliser vos téléphones portables ou vous parler via Skype ou un autre programme permettant de communiquer à distance. Ce sera plus réaliste !

Pour bien réussir ton défi, fais le point sur ce que tu as appris dans cette unité avec le **CHECK YOUR SKILLS** de ton Workbook (p. 127).

Banque d'exercices

Unit 3 My week

LE PRÉSENT SIMPLE

1 Complète le texte avec les mots suivants.

wash | drink (x2) | brush | have | get up | leave | check

In the morning I (1) ..... at 7 o'clock. I (2) ..... my face and (3) ..... my teeth. Then, I (4) ..... breakfast. I usually (5) ..... milk or fruit juice but I never (6) ..... tea. After breakfast I (7) ..... my schoolbag and say 'Good Day' to my parents. I (8) ..... home at 8 o'clock.

2 Remplace I par she dans les phrases de l'exercice 1 et mets les verbes et les adjectifs possessifs à la forme correcte.

3 Relie les éléments de chaque colonne pour poser des questions. Puis, réponds-y.

a. Do you sometimes cook...
b. Does your mother play...
c. Do your parents drink...
d. Do you...

1. have a mobile phone?
2. tea for breakfast?
3. dinner at home?
4. video games in the evening?

LES EXPRESSION DE TEMPS

4 Choisis la proposition correcte dans chaque cas.

Sean always goes to his judo club (1) **in / on / at** Wednesday. The club opens (2) **in / on / at** the afternoon and the lesson starts (3) **in / on / at** two o'clock. (4) **In / On / At** Sunday, Sean has competitions. He has to get up (5) **in / on / at** seven thirty because the competitions are always (6) **in / on / at** the morning. Poor Sean! No lie-in (7) **in / on / at** Sunday.

LES ADVERBES DE FRÉQUENCE

5 Réécris ces phrases en plaçant l'adverbe de fréquence au bon endroit.

a. We go to Corsica for our holidays but not this year. (**usually**)
b. When there's a birthday in my family we have lunch together. (**sometimes**)
c. My mother helps me with my homework. (**never**) I do it alone. (**always**)
d. My parents get up at 6.30 am – even at the weekend! (**always**)

LES MOTS INTERROGATIFS (2)

6 Complète ces questions avec le mot correct.

how | when | what | what time | who

a. • ..... does the first lesson begin? ○ At 8 o'clock.
b. • ..... does he usually have for lunch? ○ Rice and fish.
c. • ..... do you have the longest holidays? ○ In summer.
d. • ..... do you go to school? ○ By bus.
e. • ..... wants to sing this song? ○ Tamara.

LES MATIÈRES SCOLAIRES

7 Mets les lettres en ordre pour trouver 6 matières scolaires.

TSMAH | TAR | ESINCEC | HYROSTI | IMSUC | NEILGHS

8 Complète ces phrases avec un nom de matière.

a. In ..... class, I learn to play the flute.
b. In ..... class, I do arithmetic.
c. In ..... class we learn to draw and paint.
d. We study plants, animals and life in ..... class.
e. We learn about the past in ..... class.
f. The ..... teacher helps us learn this language.

Unit 4 Home, sweet home

THERE IS / THERE ARE

1 Complète ces phrases.

a. There ..... two kitchens in our new house.

b. There ..... a sofa in my bedroom.

c. There ..... two dogs in the garden.

d. There ..... 5 chairs in the dining room.

e. There ..... a big garage too!

LE GÉNITIF

2 Traduis ces phrases.

a. C'est la chambre de John.

b. J'aime le canapé de Sheena.

c. Où est le piano de Kirstine ?

3 Note les cas où 's est un génitif.

Hello, I'm Marie, I live in Los Angeles, I live with my parents and my sister, Alice. We have a dog. In fact it's Naomi's dog, but I take care of him too. His name is Bin. Bin's a very cute dog, he's always sleeping or playing with us. I like Naomi's dog a lot.

LA FORME NÉGATIVE DE HAVE GOT

4 Mets ces phrases à la forme négative.

a. I have got a big bedroom.

b. They have got three bathrooms in their house.

c. We have got a computer in our bedroom.

d. She has got a new friend.

HOW MANY?

5 Pose les questions correspondant à ces réponses.

a. I have 3 bedrooms in my house.

b. They have 2 bedrooms in their house.

c. She has 2 best friends.

d. We have two little brothers.

LES PRONOMS COMPLÉMENTS

6 Complète avec un pronom complément.

a. I like swimming with my friends.
→ I like swimming with ..... .

b. They always play football with my father.
→ They always play football with ..... .

c. I like going to school with my mother.
→ I like going to school with ..... .

L'OBLIGATION ET L'INTERDICTION

7 Classe ces phrases dans la colonne du tableau qui convient.

take out the trash | clean my room | play in the kitchen | watch TV all day | do the washing up | clean the table

AT HOME I MUST...	AT HOME I MUSTN'T...

LES PIÈCES DE LA MAISON

8 Complète les phrases de façon logique.

bathroom | kitchen | garden | living room

a. Tom plays football in the ..... .

b. Dad cooks in the ..... .

c. Donna watches TV in the ..... .

d. My parents have a ..... inside the bedroom.

LES PRÉPOSITIONS DE LIEU

9 Complète ces phrases avec la préposition qui convient.

a. The ball ..... the table.

b. The ball ..... the table.

c. The ball ..... the table.

d. The ball ..... the table.

e. The ball ..... the table.

Banque d'exercices

Unit 5 Looking good!

L'AUXILIARE CAN / CAN'T

1 Écris si tu peux ou ne peux porter chacun de ces vêtements ou accessoires.

a. 

b. 

c. 

d. 

e. 

f. 

LE PRÉSENT EN BE + V-ING

2 Complète ces phrases avec le présent simple ou avec le présent en be + V-ing.

a. We can't go to the park today because it ..... (**rain**).

b. I'm sorry I can't talk now. I ..... (**help**) to make dinner.

c. On Saturday we ..... (**get up**) quite early, usually at 8 o'clock.

d. My mother ..... (**work**) for the City Council. She's a lawyer.

e. Can't you see us? We ..... (**stand**) outside the ticket office.

L'EXPRESSION DE L'ACCORD ET DU DÉSACCORD

4 Dis si tu es d'accord ou non avec ces affirmations et pourquoi.

a. School uniforms are a good idea.

b. Rap music is great.

c. Winter is the best time of year.

d. Black and blue clothes look really bad together.

LES NOMBRES

5 Réponds à ces questions en écrivant les nombres en toutes lettres.

a. How many days are there in December? ..... .

b. How many students are there in your English class today? ..... .

c. With how many countries does France have a border? ..... .

d. How many days are there in a year? ..... .

LES COULEURS

6 Complète ces phrases avec les couleurs qui conviennent.

a. If you mix red and white you get ..... .

b. ..... and ..... are the colours of the Spanish flag.

c. Old photos and old films are in ..... and ..... .

d. The Moroccan flag has a ..... star.

LES VÊTEMENTS

3 Trouve l'intrus dans chaque liste. Justifie tes réponses.

a.
- shirt
- shoes
- trainers
- socks

b.
- hoodie
- skirt
- dress
- tights

c.
- bracelet
- blazer
- belt
- beanie

d.
- trousers
- tie
- blazer
- flip-flops

Unit 6 Let's play ball!

CAN / CAN'T ET LE DEGRÉ DE CAPACITÉ

1 Dis si tu sais pratiquer ou non les sports suivants. Précise ton degré de maîtrise.

2 Retrouve les questions que Mr Jones, le coach sportif, a posées à James lors de son entretien pour intégrer le club de football du collège Luis, complète les réponses.

a. **Mr Jones:** .....?
James: Yes, I can. I ..... run very fast.

b. **Mr Jones:** .....?
James: I ..... kick a ball quite well.

c. **Mr Jones:** .....?
James: I'm very active and tough.

d. **Mr Jones:** .....?
James: Yes, I am. I'm really skilful.

LES ADVERBES DE NUANCE

3 Complète cette conversation en utilisant les adverbes de nuance qui conviennent.

Norah: What are your best subjects, Norah?
Helen: Well, I'm **really / a bit** good at Physics and Chemistry and Technology. I always get more than a 9 out of 10.
Norah: Wow! Me, I'm not good at Science subjects **at all / quite**. And I'm **at all / a bit** worried about the Maths exam next week.
Helen: Well, maybe I can help you. I'm **quite / a bit** good at Maths too. I want to study Architecture at university and those subjects are **a bit / very** important.

NEED / NEED TO

4 Choisis deux sports et indique l'équipement et les qualités nécessaires pour les pratiquer.

LES CONJONCTIONS DE COORDINATION

5 Complète avec and ou but.

I am fit (1) ..... competitive, (2) ..... I am not skillful. I can run fast (3) ..... I can catch a ball quite well, (4) ..... I can't throw it at all.

My favourite food is fish (5) ..... chips. Well, I do like chips, (6) ..... not fish. So actually I like chicken (7) ..... chips.

LES SPORTS ET LES ÉQUIPEMENTS

6 Lis ces règles et trouve à quels sports elles correspondent.

a. You must hit the ball with a bat: .....

b. To score points you must put the ball throgh the hoop: .....

c. Players must shoot the puck with the stick in the opposing team's net: .....

d. Players must throw stones down a sheet of ice. Each team must throw eight stones .....

LES ADJECTIFS DE CARACTÈRE

7 Est-tu un(e) grand(e) sportif(ive)? Décris-toi par rapport aux sports en utilisant 4 de ces adjectifs.

active | clumsy | fast | slow
tough | lazy | skilful | competitive

LES ALIMENTS

8 Complète les étiquettes avec les noms d'aliments qui convient.

a. b. c. d.

Banque d'exercices

Unit 7 New York, New York

LE VERBE BE AU PRÉTÉRIT

1 Complète les phrases avec la forme correcte du verbe be au prétérit.

a. I ..... in London two days ago.

b. We ..... happy to see him again.

c. She ..... sad to hear the news.

d. Yesterday the weather ..... really bad.

e. ..... she Maria's sister?

LE FORMATION DU PRÉTÉRIT

2 Classe les verbes dans la bonne colonne.

be · have · arrive · visit · cry
spend · make · take · stop · eat

REGULAR VERBS	IRREGULAR VERBS

3 Écris des phrases au prétérit en utilisant tous les verbes de l'exercice précédent.

4 Traduis en anglais.

a. Il est venu hier.

b. Elle a mangé une glace.

c. Ils sont venus à New York il y a 3 ans.

d. Elles ont adoré leur voyage.

e. Elle est arrivée la semaine dernière.

5 Réécris ces phrases au prétérit.

a. I go to school.

b. I have a good day.

c. She eats donuts everyday.

d. They spend a lot of money.

LES MARQUEURS DE TEMPS AU PASSÉ

6 Note les marqueurs de temps qui correspondent au passé.

before · ... week(s) ago · next week
last week · in the past · in those days
in the future · in 2012

7 Complète ces phrases avec les marqueurs de temps de l'exercice 6.

a. ..... she came, I was ready to go.

b. Sally O'Connor came from Ireland to New York in 1924. She was very poor ..... .

c. I did my last exam ..... , now I am on holidays.

d. They went to New York two ..... and they loved it.

LES LIEUX DE LA VILLE

8 Complète ces phrases.

a. If I am ill, I go to the ..... .

b. If I want to eat I sometimes go to a ..... .

c. If I want to go from one side to the other of the river I take the ..... .

d. The boats are in the ..... .

e. If I want to see an art exhibition, I go to the ..... .

LE VOYAGE ET LES SENTIMENTS

9 Choisis les réponses correctes.

When I **left / came / were** France for New York, I took a **boat / cold / feather**. I **crossed / walked / drove** the ocean. I was ill and **lonely / difficult / rough**. But I was very **sick / happy / painful** to arrive in this country.

Unit 8 A trip to Scotland

WILL + BASE VERBALE

1 Tu consulte un diseur de bonne aventure. Lis ses réponses et écris les questions correspondantes.

a. You: ..... ?
The fortuneteller: No, you will live in a small village.

b. You: ..... ?
The fortuneteller: Yes, you will have an interesting job.

c. You: ..... ?
The fortuneteller: You will have 3 children.

d. You: ..... ?
The fortuneteller: Yes, you will be very happy.

2 Observe cette image et devine où Tom et Kate vont aller et ce qu'ils vont faire pendant ces vacances.

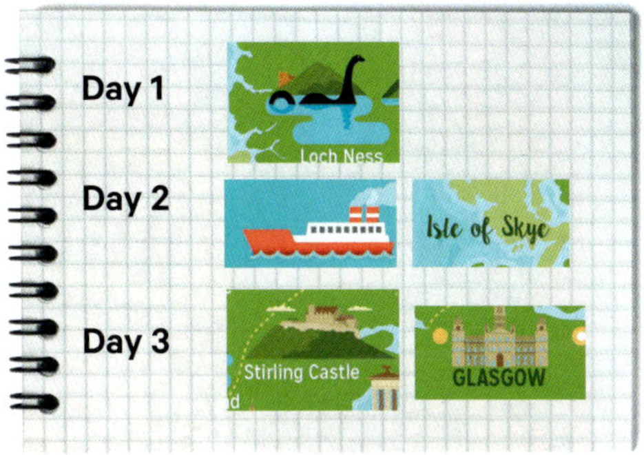

LA PHRASE CONDITIONNELLE

3 Écris quatre phrases pour indiquer quelle activité tu pratiqueras en fonction des différentes conditions météorologiques.

Weather conditions

rainy
sunny
hot
cold

Activities

go to a museum
go kayaking
swim in a lake
take a touristic bus
hike in the mountains
go sightseeing in the city centre

If it's rainy, I'll go to the museum.

LES EXPRESSIONS DE TEMPS

4 Écris after, before ou when.

Craig: Can I speak to Xavier, please? This is Craig.
Beth: He's not here at the moment.
Craig: Do you know ..... he'll be home?
Beth: At about 8 pm.
Craig: Hmm, I have to leave ..... 8. Can you ask him to phone me ..... 10 pm, please?
Beth: Sure. I'll give him your message ..... he gets home.

LA SUGGESTION

5 Ton correspondant est dans ta ville cette semaine. Suggère-lui des visites et des activités à faire.

LA MÉTÉO

6 Complète ces phrases à l'aide des mots suivants.

snow | cold | wind | sunny | rain | shower(s)

a. We can go skiing this weekend! There's a lot of ..... .

b. When there's a hurricane, you can expect extreme ..... .

c. It's not unusual in Britain and Ireland to have three or four ..... in one day.

d. Tomorrow will be a beautiful day – we can expect ..... weather.

e. You don't need to take your umbrella tomorrow because it won't ..... .

LES MOYENS DE TRANSPORT

7 Réponds à ces questions en donnant un moyen de transport différent à chaque fois.

a. How do you go to school? ..... .

b. If you go to New York, how will you travel? ..... .

c. How do you go to the Isle of Skye? ..... .

d. You are a sustainable tourist, how do you visit a city? (Give 2 possibilities.) ..... .

CD: 54
MP3: 38

PUBLIC SCHOOL SUPERHERO

by James Patterson

Did you know?
James Patterson (1947-) is an American author, known for his thrillers and his young adult fiction books.

Okay, in my neighborhood, my school is known as Fort Union. That's because of the crazy-strict military base rules there.

No kids get inside until 7:50 a.m., sharp.
No kids get inside without a student ID.
No kids get inside without opening their backpacks for the security guards.

And that's just the front door. I'm sure it'd take you less time to get through the airport's high-tech security with explosives tied to your calves. It's crazy man. This is what I go through, every stinkin' day.

When I get past security, I find that my homeroom doesn't even have real windows. It's just metal screens where someone broke out the glass over the summer.

Also, it's kind of crowded in here. "Overcrowded" would be an understatement. For real.

After attendance, my homeroom teacher, Ms. Green, takes us around the school and shows us where everything is.

Downstairs on the first floor, the library's about the size of a closet. There's one rolling computer cart with two computers for the whole school.

CD: 55
MP3: 39

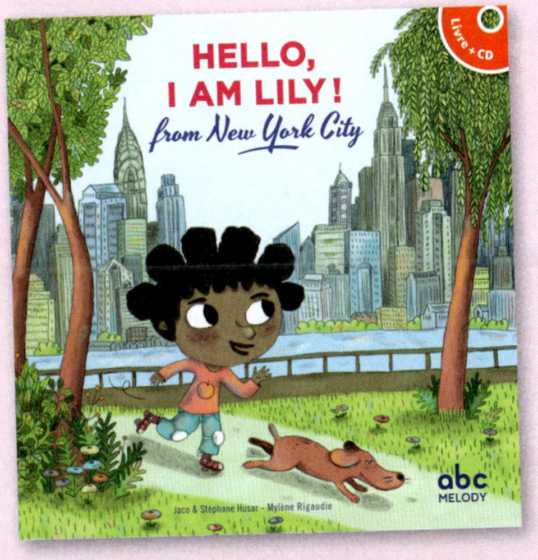

HELLO, I AM LILY!

from New York City

Jaco & Stéphane Husar

My name is Lily. I am eight years old. I live in New York City.

New York City is a very big city with lots of yellow taxis and very tall skyscrapers.

I live with my family in an apartment. I have one big brother. His name is Eddie. He is very tall. Eddie is the tallest boy in the neighborhood. He plays basketball and he is a champion!

My mom is a nurse. She helps people who are sick. My dad is a captain on a ferryboat. He takes people around the harbor of New York City. I love my parents!

We have a dog. His name is Foxy. Foxy loves to eat cookies and milk. Do you like cookies?

CD: 56
MP3: 40

The Story of Saint Patrick

James A. Janda

A little boy liked to sit on a hill and watch the boats come and go in and out of the harbor. His name was Patrick.

He liked to run down to the pier. He liked to watch the fishermen bring in their boats loaded with fish.

Patrick lived on the shore of England facing the Irish Sea. He wore a toga and sandals, because he was a citizen of Rome. He lived there a very long time ago —in the fifth century.

Patrick had to learn his prayers just as you and I. But, to tell the truth, young Patrick was more interested in playing than in learning. He liked to climb trees, pick apples, and play with his dog.

Patrick had a happy time until he turned sixteen. Then something happened that made him very sad.

From the top of the hill, he saw it all coming. Nial, the Celtic warrior, and his enemy boats were coming into the harbor.

Nial's warriors attacked the town. They killed many people. They burned the homes. They stole horses, pigs and sheep. They captured Patrick, forced him into a boat, and sailed across the sea to Ireland. In Ireland, Patrick was sold as a slave.

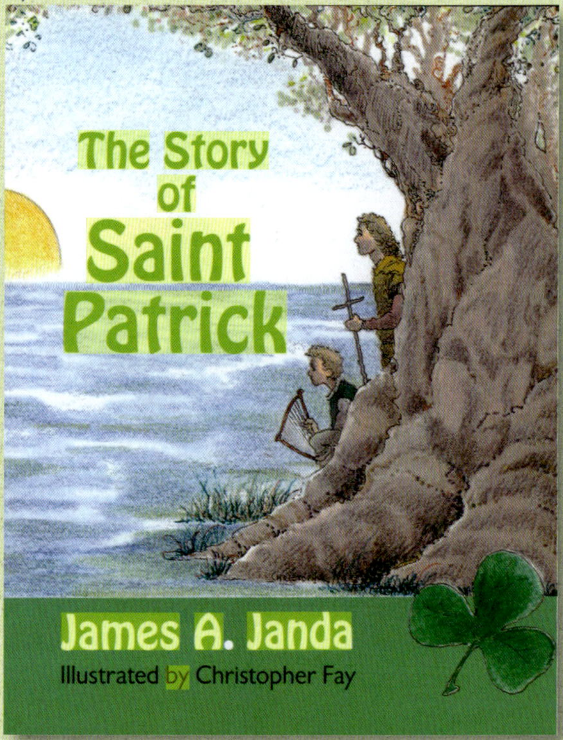

Did you know?
Saint Patrick is the patron saint of Ireland. Saint Patrick's Day is a very important celebration, held on 17th March.

CD: 57
MP3: 41

If I built a house

CHRIS VAN DUSEN

Did you know?

Chris Van Dusen (1960-) is an author and illustrator from Portland, Maine, in the US. He writes children's books.

Jack, in the backyard, said to his mother,

This house is OK, but it's like any other. It's boxy and boring and basically bland. It's nothing at all like the house I have planned.

My house will be different. It can't be the norm. I'll think about traffic flow, function, and form.

Oh, it may include shapes like a tower or dome, but I'll focus on what makes a building a home.

It's the rooms on the inside that make it unique, so step through the door and let's take a peek.

We'll start with the basics, right off the bat. Check out my new Kitchen-o-Mat!

You don't have to cook and you don't have to clean, it's done by a space-age robotic machine.

It makes all the meals and the food is deeelish, then it washes and puts away every last dish.

The living room's next. It's fun! Come on in! The chairs and the table and the sofa all spin!

And trampoline lead to a giant ball pit. It's a pretty neat room, you have to admit.

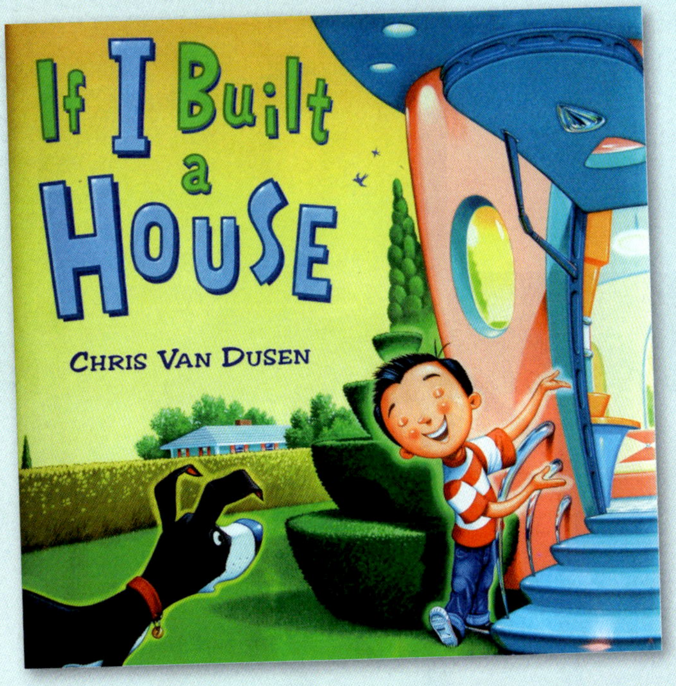

CD: 58
MP3: 42

BACK TO SCHOOL SHOPPING

KENN NESBITT

My sleeves are too short
and my jeans are too tight.
My shirt is so small
that it doesn't fit right.

My hat is too snug
and my socks all have holes.
My shoes are worn out
on the sides and the soles.

My mom says it's time
to go shopping for more.
She wants me to get
some new clothes at the store.

She begs and cajoles,
but I simply say, "No.
I want to stay home.
I would rather not go."

While new ones may fit
in the sleeves and the toes,
the old ones I have
are my favorite clothes.

Did you know?
Ken Nesbitt (1962-) is an American children's author named Children's Poet Laureate by the Poetry Foundation.

CD: 59
MP3: 43

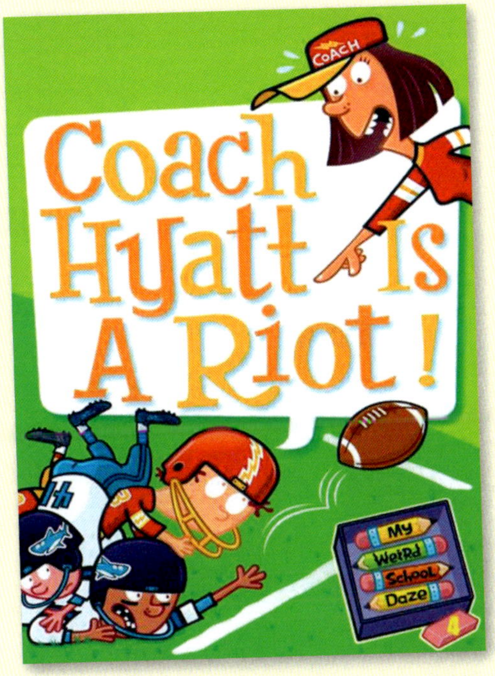

MY WEIRD SCHOOL DAZE #4

Dan Gutman

I love Pee Wee Football.

In the fall I play football every Saturday. Football is cool because you get to push and shove and yell and knock kids on their butts. And the best part is, you don't even get punished!

At school, if you push and shove and yell and knock kids on their butts, you have to go to the principal's office. But in football you're supposed to push and shove and yell and knock kids on their butts.

That's why I hate school and love Pee Wee Football. If you ask me, the world would be a better place if they closed all the schools and turned them into Pee Wee Football camps.

The only problem is, my team stinks! We're called the Moose, and we lost every game last season. Every game!

The good news is, we're getting a new coach this year named Coach Hyatt. I bet he'll be a lot better than our old coach, Mr. Boozer. Mr. Boozer was a loser.

I put on my uniform and shoulder pads to get ready for our first practice. Shoulders pads are cool because they make it look like you have big muscles. Our uniform is red, and we have red helmets with a lightning bolt down the middle.

Did you know?
Dan Gutman (1955-) is an American writer, primarily of children's fiction, famous for his *My Weird School* series.

CD: 60
MP3: 44

New York City HISTORY for Kids

From New Amsterdam to the Big Apple
adapted from Richard Panchyk

Did you know?
Richard Panchyk is an American author, editor and translator from Queens, New York.

I often try to imagine what life was like for my great-greatgrandfather, Carl Friedrich. He was the first of my ancestors to arrive in New York City. He got to Manhattan Island in 1866 as a young man of 18. There were people everywhere, endless streets and stone buildings. [...]

Carl had little money. He took whatever job he could find, and he lived in Lower East Side. There was only one shared bathroom and there were bugs and mice everywhere.

Carl worked hard. After some years, he became a US citizen, moved uptown to a better neighborhood, found a wife and started his business. [...] Life wasn't easy. But he stayed and made it work.

Carl and millions of other like him are the people who made New York great. This is Carl's story. The story of New York.

Unit 8 Reading

CD: 61
MP3: 45

Glasgow

William McGonagall

Beautiful city of Glasgow, with your streets so neat and clean,
Your stately mansions, and beautiful Green!
Likewise your beautiful bridges across the river Clyde,
And on your bonnie banks I would like to reside.

Then away to the West — to the beautiful West!
To the fair city of Glasgow that I like the best,
Where the river Clyde rolls on to the sea,
And the lark and the blackbird whistle with glee.

'Tis beautiful to see the ships passing to and fro,
Laden with goods for the high and the low;
So let the beautiful city of Glasgow flourish,
And may the inhabitants always find food their bodies to nourish.

And as for the statue of Sir Walter Scott that stands in George Square,
It is a handsome statue — few can with it compare,
And most elegant to be seen,
And close beside it stands the statue of Her Majesty the Queen.

Did you know?
William McGonagall (1825-1902) was a Scottish poet. When he wrote this poem, Glasgow was an industrial desert.

Comment mener une conversation téléphonique

Parler au téléphone, c'est facile. Mais dans une autre langue, cela semble tout de suite plus ardu ! Pas de panique : avec ces quelques conseils, tu pourras bientôt appeler n'importe qui !

1. Voici quelques expressions pour trouver le mot juste dans toutes les situations :

• Au début d'une conversation…

- Hello! This is Enzo. I'd like to speak with Mia / Oliver, please.
- Hello? Yes, this is she / he. (= c'est moi)

• Si tu as besoin de réfléchir…

- Let me see…
- Let me think…
- Er… Well…

• Si tu n'as pas compris ton interlocuteur(trice)…

- I'm sorry, I don't understand.
- I'm French. Can you speak slowly?
- Can you repeat, please?
- So, you say: "…", right?

• Avant de raccrocher…

- All right. Thank you and goodbye!
- You're welcome. Have a nice day!

2. Si ton interlocuteur(trice) est absent(e), laisse-lui un message :

• Présente-toi :

- Hello, this is Enzo.

• Donne la raison de ton appel :

- I would like to invite Mandy to my birthday.

• Donne ton numéro de téléphone :

- Call me back at 33 1 23 61 45 67.

• Salue avant de raccrocher :

- Thank you! Goodbye!

3. Et n'oublie pas :

• **Articule et mets la bonne intonation** dans tes phrases. Ce n'est pas parce que tu ne vois pas la personne que tu ne dois pas faire de gestes ! Tout s'entend au téléphone, y compris le sourire !

NOW, LET'S CALL!

The telephone labyrinth

Mets-toi dos à dos avec un(e) camarade. L'un(e) de vous fait sonner le téléphone, l'autre décroche et la conversation commence. À chaque étape, **choisissez** la phrase la plus appropriée parmi celles que va vous distribuer votre professeur(e). **Recommencez** plusieurs fois en changeant de rôle et de réponses. **Faites durer** la conversation aussi longtemps que possible.

Comment comprendre un texte

Aïe, ton(ta) professeur(e) t'a donné un texte à lire et tu paniques car tu penses ne rien comprendre.
Respire un grand coup et applique ces consignes.
Tu verras, tu vas y arriver !

1. Look around!
Regarde bien autour !

• Les textes de ton manuel sont souvent accompagnés d'illustrations et d'un titre sur le même thème. **Sers-toi de ce que tu vois** pour identifier le sujet général du texte.

2. Look inside!
Regarde de plus près !

• Même si tu ne comprends pas tout, **tu peux identifier certains éléments du texte** :

- les **noms propres** (personnes et lieux) qui commencent tous par une majuscule,
- les **pronoms personnels** (**I**, **you**, **him**, **us**...) qui donnent des indications sur les personnages,
- les **dates** qui indiquent de quelle période on parle.

• Si possible, **surligne** ces éléments de différentes couleurs. Sinon, prends des notes. Cela te permettra de commencer à répondre aux questions : **WHO? WHERE? WHEN?**

3. Look again!
Regarde à nouveau !

• L'anglais ressemble parfois beaucoup au français ! Certains mots, les **mots « transparents »**, sont écrits de manière identique ou presque. Tu les comprends donc tout de suite.

My school **uniform** is blue.

I love **History**.

• Les **connecteurs logiques and** et **but** sont aussi bien utiles pour deviner le sens d'une phrase :

- **and** ajoute une idée du même type : My sister has black **and** clingy trousers. → Tu comprends qu'il s'agit d'un détail supplémentaire sur son pantalon.
- **but** introduit une idée contraire : I enjoy baseball **but** not lacrosse. → Le baseball est un sport, donc il y a des chances que le lacrosse en soit un aussi.

• **Ce n'est pas parce qu'il te manque une pièce dans un puzzle que tu ne peux pas voir l'image finale.** C'est pareil pour un texte, la preuve !
À ton avis, que veut dire « **jewellery** » ?

There is a beautiful necklace in this jewellery shop!

• **N'hésite pas à dessiner** certains éléments du texte pour mieux les visualiser.

4. Look for more!
Va plus loin !

• Quand tu as un texte à lire à la maison, **vérifie le sens des mots dans un dictionnaire** et crée ton petit lexique personnel. Plus tu connais de mots, plus il est facile de comprendre un texte !

• **Entraîne-toi à la lecture** avec les pages **Reading** de ton manuel !

NOW, LET'S START READING!

1. **Regarde** les pages 23, 35 et 49 de ton manuel. Rien qu'en **observant** l'illustration, **identifie** le sujet de chaque texte.
   Compare tes hypothèses avec celles de tes camarades.
2. **Lis** le texte que te donnera ton (ta) professeur(e) et **réponds** aux questions posées en t'aidant des conseils de cette page.

Comment enrichir son expression écrite

Des phrases courtes, c'est bien. Des phrases plus riches, c'est mieux ! Voici quelques conseils pour te rapprocher de ce qu'écrirait un(e) anglophone de ton âge !

1. Work on details!

Donne des détails !

• Un(e) lecteur(trice) est toujours curieux(euse). **Plus tu lui donneras d'informations, mieux ce sera !**

My sister is 15. → Trop court !

My sister is 15. She has long hair. She has two hamsters and she loves skate-boarding.
→ Bien plus intéressant !

• En **ajoutant des adjectifs**, tu rendras tes descriptions beaucoup plus visuelles !

My sister has long hair. → My **big** sister has **long brown wavy** hair.

> Pour te souvenir de l'ordre des adjectifs dans une phrase, pense à un TACO !
>
> **T**aille (big, small)
> **A**ge (old, young)
> **C**ouleur (blue, red)
> **O**rigine (American, French)

• Si tu peux, **varie tes verbes** pour apporter de la nuance et ne pas te répéter.

I like pancakes. → I **love** pancakes.

I like sports. → I **enjoy** sports.

I don't like spiders. → I **hate** spiders!

• Ce que tu racontes arrive-t-il souvent, rarement, jamais ? Pour l'indiquer, **utilise des adverbes de fréquence** (usually, often, always, never...). Rappelle-toi qu'ils se placent **avant le verbe**.

I eat breakfast at 7 o'clock. → I **always** eat breakfast at 7 o'clock.

2. Work on logic!

Sois logique !

• Le secret d'un texte fluide ? Les **conjonctions de coordination** (but, and, because...) ! Avec elles, le lien entre tes phrases deviendra évident.

This is my new school. This is my classroom. I like it. It is comfortable.
→ This is my new school **and** this is my classroom. I like it **because** it is comfortable.

• Si ton récit est chronologique, utilise des **expressions de temps** (First..., Then..., Afterwards...) pour qu'on comprenne bien les différentes étapes.

I have mathematics. I go to history class. It is time for a break.
→ **First**, I have mathematics. **Then**, I go to history class. **Afterwards**, it is time for a break.

NOW, LET'S CAPTIVATE THE READER!

1. **Rends** ces phrases **plus captivantes** en ajoutant autant d'adjectifs que possible.
   a. My pet is a dog. **b.** I like cake. **c.** My friend is a girl.
2. Tom a la même routine chaque matin. **Rédige** un paragraphe aussi intéressant que possible pour l'expliquer, à partir des éléments que te donnera ton (ta) professeur(e). N'oublie pas d'**utiliser** des expressions de temps et des adverbes de fréquence.
3. **Écris** une seule phrase à partir des deux phrases données en utilisant une conjonction de coordination.
   a. I have a brother. I have two sisters.
   b. I love this sweater. It has a beautiful colour.
   c. My house is big. We have a small garden.
4. Concours de la phrase la plus longue ! **Suis** les consignes de ton (ta) professeur(e).

Comment réaliser une affiche

L'affiche est le support idéal pour faire passer un message auprès de nombreuses personnes. Voici quelques clés pour créer des affiches parfaites !

1. Make it visual!

Mise sur le visuel !

Oregon Center for Nursing, **Are You Man Enough to be a Nurse?** (2002)

Titre : **court** et **écrit en gros** pour être vu de loin, il présente le sujet de l'affiche de manière vivante et accrocheuse

Mise en page : beaucoup de blanc pour une mise en page **aérée**

Sous-titre : courte phrase pour **donner plus de détails** sur le sujet du poster

Légende : sous chaque image, un **petit texte explicatif** (pas plus de 3 phrases)

Image(s) : **une ou plusieurs images** colorées, en rapport avec le titre, assez grandes pour être vues de loin

Format : un **grand format**, au moins A3, horizontal ou vertical, pour être lisible de loin

Logo / Auteur(e) : pour **identifier le (la) créateur(trice)** de l'affiche

2. Make it interesting!

Intéresse tes lecteurs(trices) !

• Le **titre** est l'**élément central** de ton affiche car c'est lui qui attire l'attention et qui indique ton sujet. Il doit donc être **court et accrocheur**. Pour cela, tu peux : répéter un même mot, répéter un même son, rédiger une question, rédiger une phrase exclamative...

• Le **sous-titre** donne **plus d'informations sur le thème** de l'affiche. Il invite souvent la personne qui le lit à faire quelque chose. Tu peux par exemple :

– utiliser un verbe d'action à l'impératif : **discover...**, **learn...**, **watch...**, **come...**

– employer un impératif à la forme négative : don't do this!

NOW, LET'S BE CREATIVE!

1. **Associe** chaque titre à sa ou ses techniques.

a. WHAT'S YOUR TALENT?
b. COOL SCHOOL
c. SPORTS, SPORTS, SPORTS!
d. LET'S GO!

1. répétition d'un mot
2. répétition d'un son
3. question
4. exclamation

2. Avec un(e) camarade, **imaginez** le titre et sous-titre des trois affiches que votre professeur(e) va vous donner.

Comment rédiger un mail ou une lettre

Quelle chance, tu as un(e) correspondant(e) anglophone ! Pour faire connaissance et entamer la discussion par lettre ou par mail, aide-toi des deux exemples ci-dessous !

3 Date: 5 September 2017
1 From: Maxime <maxime@yahoo.fr>
2 To: Payton <payton@yahoo.co.uk>
4 Subject: Hello from France!

5 Dear Payton,

6 My name is Maxime and I am your new penfriend.
7 I am 11 years old. I live in a nice house in Pornic and I have two big brothers and a dog.
8 What about you? Tell me about your family.

9 See you soon!
10 Maxime

1 *Maxime Dupuis*
2 rue de l'océan
44 210 Pornic
FRANCE

2 *Joe Haley*
230 South Peck Drive
Beverly Hills, CA, 90212
USA

3 *26 December 2017*

5 *Dear Uncle Joe,*

6 *Thank you for the Christmas present. It's beautiful and I love it!*
7 *I am sending you a picture of the family!*
8 *When are you coming to France?*

9 *Love,*
10 *Maxime*

1. Expéditeur(trice) (celui ou celle qui envoie le courrier)
2. Destinataire (celui ou celle qui reçoit le courrier)
3. Date
4. Objet du mail
5. Salutations initiales
6. Objectif de la lettre (se présenter, remercier…)
7. Explication et détails
8. Ouverture sur un autre sujet
9. Salutations finales
10. Signature

• **Choisis tes salutations** en fonction de la personne à qui tu écris !

DESTINATAIRE	SALUTATIONS INITIALES	SALUTATIONS FINALES
Ta famille ou un(e) ami(e)	• Dear uncle Joe (Cher oncle Joe) • My dear Mitchell (Mon cher Mitchell)	• See you soon! (À bientôt !) • Hugs and kisses! (Bisous !) • XXX (Bisous) • Love (plutôt pour ta famille)
Quelqu'un que tu ne connais pas	• Dear Mr. Hurley • Dear Mrs. Lawrence	• Best regards (Cordialement) • Yours (Bien à vous)

NOW, LET'S GET WRITING!

1. **Rédige** les courriers suivants. Ils doivent être complets mais très courts (deux phrases maximum).
   a. un mail à ta cousine de New York pour la remercier de sa carte postale de Los Angeles
   b. une lettre à ton correspondant de Londres pour lui parler de ton sport préféré
   c. une lettre à Mr. McRae de l'office du tourisme de Glasgow pour lui dire que tu aimerais recevoir un plan de la ville

Comment préparer et jouer une scène

Tu vas devoir jouer une scène en anglais avec un(e) camarade ? Pas de panique ! Avec ces quelques conseils, tu vas forcément conquérir le public !

1. Get into character !

Entre dans la peau de ton personnage !

• **Lis bien les consignes** pour déterminer :

– **qui est ton personnage :** un(e) élève anglais(e), un(e) journaliste, un leprechaun... ?

– **à qui tu t'adresses :** à un(e) ami(e), à un(e) vendeur(euse), à un(e) agent(e) immobilier(ière)... ?

– **où te trouves :** dans un magasin, dans une maison, dans une agence de tourisme... ?

– **ton objectif :** obtenir un renseignement, organiser un voyage... ?

• S'il te manque des informations, **imagine-les** afin de bien visualiser la scène. Pour t'aider, tu peux **remplir une petite fiche** comme ci-dessous. Et pour faire plus vrai, tu peux **utiliser des accessoires** et **créer un décor** !

Name: Alex
Age: 12
Job: pupil
Personality: shy, friendly
Feelings at the moment of the conversation: hungry
Place of the conversation: school cafeteria
Goal of the conversation: have information on the school menu
Who the character is speaking to: the cook

2. Get ready!

Prépare-toi !

• La scène doit avoir l'air naturelle. Imagine ce que tu dirais dans la situation donnée et **note uniquement le vocabulaire et les expressions qui te seront utiles**. Ne rédige pas tout et **n'apprends rien par cœur** ! Pour une scène à la cantine, tu pourrais par exemple noter :

– **vocabulaire :** food / meal / dessert / fruit...

– **expressions :** I'd like... / Can you...?

3. Be natural!

Sois naturel(le) !

Good morning! | Good afternoon! | Hello! | Thank you! | Have a nice day! | Goodbye!

• N'oublie pas de **saluer ton interlocuteur(trice)** au début et à la fin de la conversation !

• Le dialogue ne passe pas que par les mots ! Pense à **mettre le ton** (joie, colère...), à **faire des gestes** et même **des mimiques** !

NOW, LET'S PLAY!

CD: 62
MP3: 46

1. Cette phrase a été enregistrée avec une intonation différente à chaque fois. **Écoute** et **identifie** l'humeur de la personne qui parle.

   My name is Cameron. — happy / sad / shy / angry

2. Par groupes de 2 ou 3 : chacun **prononce** la phrase de l'exercice 1 avec l'intonation de son choix. Les autres doivent **deviner** son humeur. Une fois que vous êtes entraînés, **faites de même** avec une phrase personnelle. Qui est le (la) meilleur(e) acteur(trice) ?

Comment faire un exposé ou un discours

Parler en public te donne le trac ? Pas de panique ! Suis ces conseils et respire un grand coup. Tu verras, ce n'est pas difficile !

1. Understand the job!

Comprends ta mission !

• Tout d'abord, **lis bien la consigne** donnée par ton (ta) professeur(e) :

- de **quel thème** dois-tu parler (ta famille, ton école, tes loisirs...) ?
- **à qui** dois-tu t'adresser (tes camarades, ton (ta) correspondant(e) anglais(e), un groupe de touristes...) ?
- quel est ton **objectif** (expliquer, présenter, convaincre...) ?
- y a-t-il d'autres **contraintes** à respecter (commenter des images, faire une vidéo, parler un certain temps...) ?

NOW, YOU'RE ON!

1. **Remets** ces phrases dans l'ordre pour **créer** un discours logique et structuré.

a. Second, I don't like sports. I am terrible at basket-ball.
b. Today, my presentation is about... me!
c. My name is Nora and I am French.
d. Finally, my favourite subject at school is History.
e. First, I love movies! My favourite movie is **Hunger Games**.
f. Good afternoon everyone!
g. This is all. Thank you and goodbye!

2. Organise yourself!

Organise-toi !

• Pour que ton public suive ta pensée, **structure ton discours** en plusieurs parties :

- **1.** Salutation et présentation de ton sujet,

My subject is sports.

Hello everyone! Today, my presentation is about my family.

I want to talk about New York City.

- **2.** Présentation de tes différentes idées, dans l'ordre,

First, ... Second, ... Third, ... Finally, ...

- **3.** Conclusion et salutation finale.

This is all. Thank you and goodbye.

• Lorsque tu prépares ton discours, **ne rédige pas tout** ! Écris seulement sur ta feuille **les**

3. Use keywords!

Utilise des mots-clés !

• Pour avoir l'air naturel et spontané, n'apprends rien par cœur ! **Mémorise seulement les mots-clés**, c'est-à-dire les mots les plus importants de ta présentation, ceux sans lesquels on ne comprend rien. C'est sur ces mots que tu dois **insister à l'oral**.

Par exemple, dans la phrase **Music is very important for me**, les mots-clés sont **music** et **important**.

• Si tu ne sais plus où tu en es, **utilise de petits mots tels que er... ou well...** le temps de te ressaisir.

NOW, YOU'RE ON!

2. **Note** les mots-clés de cet extrait d'exposé.

In the morning, I wake up at 7 o'clock. I always take a shower before breakfast. I take the bus to school on Monday and Tuesday. I don't take the bus on Wednesday.

3. À présent, **écoute** l'exposé. **Repère** les mots sur lesquels la personne insiste, cela te permettra de vérifier que tu avais trouvé les bons mots-clés.

CD: 63
MP3: 47

4. A l'aide des mêmes mots-clés que dans les exercices précédents (et sans regarder le texte original !), **prononce** ton propre discours.

grandes idées de chaque partie.

4. It's a question of attitude!

C'est une question d'attitude !

• Même si tu n'es pas à l'aise en public, **fais semblant** !

- **Regarde tes camarades.** Tu peux chercher le regard de quelques ami(e)s dans la classe pour te donner du courage.

- **Parle bien fort, lentement et articule** pour que tout le monde te comprenne.

- **Tiens-toi bien droit(e) et fais des gestes ou des mimiques** pour illustrer ce que tu dis.

- **N'hésite pas à te déplacer** dans la pièce et, si tu utilises des images dans ton exposé, **montre du doigt** à tes camarades les éléments dont tu parles.

• En attendant le grand jour, **entraîne-toi face à un miroir** et / ou devant ta famille.

NOW, YOU'RE ON!

5. Pour travailler ta confiance en toi, **joue** à **Truth or Lie?** (Vérité ou Mensonge ?) avec tes camarades. Chacun(e) doit **donner une information** (vraie ou fausse) avec le plus d'assurance possible. Le but est de **faire croire** aux autres les choses les plus absurdes !

5. Shakespeare, my dear!

Fais plaisir à Shakespeare !

• Pour être bien compris(e), il faut **bien prononcer** ! Apprends toujours les mots nouveaux **en écoutant et répétant leur prononciation** grâce aux pistes MP3 du site www.espacelangues.emdl.fr/bloggers ou aux dictionnaires d'anglais en ligne.

• **Pense à faire les liaisons entre les mots**, ton discours sera plus fluide ! Souviens-toi : quand un mot finit par une consonne et le mot qui suit commence par une voyelle, **les deux mots sont prononcés comme un seul**. Par contre, quand un mot finit par une lettre et le mot suivant commence par la même lettre, **on ne prononce cette lettre qu'une seule fois**.

NOW, YOU'RE ON!

6. **Trouve** les liaisons dans ces répliques de films et **prononce-les** correctement.

a. I'm the king of the world! (**Titanic**)
b. Winter is coming! (**Game of Thrones**)
c. I don't want to forget. (**Finding Dory**)

7. **Écoute** ces mêmes répliques et **identifie** si la personne est enthousiaste, en colère, triste...
Puis, **répète** les phrases en imitant l'intonation.

CD: 64
MP3: 48

8. **Écoute** et **lis** les phrases suivantes :

CD: 65
MP3: 49

a. This is a pretty bedroom!
b. What time is it?
c. I hate ants.
d. She's eating a banana.
e. I need a new coat.

En t'écoutant parler, on doit pouvoir savoir si tu es enthousiaste, en colère, ravi(e), etc. **Fais passer tes émotions** en utilisant la bonne intonation !

Comment relire ses devoirs

Tu viens de finir ton devoir d'anglais ? Mets toutes les chances de ton côté en vérifiant les points suivants avant de le rendre à ton (ta) professeur(e) !

1. Everything in its place!

Chaque chose à sa place !

• Une phrase simple, c'est : un sujet, un verbe et, souvent, un complément. N'oublie rien !

I	like	chocolate.
sujet	verbe	complément
My mother	loves	cakes.
sujet	verbe	complément

• Les adjectifs (ces mots qui donnent des détails sur un nom) sont placés **avant** les noms.

a blue car → = une voiture bleue ←

2. Let's agree

On s'accorde ?

• **Au présent simple, les verbes prennent un -s à la 3e pers. du singulier** (**he**, **she**, **Tom**…).

I play basketball. Jason plays tennis.

• **Tous les modaux s'utilisent de la même façon** : **can** / **must** + base verbale (= verbe à l'infinitif sans **to** et sans **-ing**).

They **must** work. She **can** be very funny.

• **Les adjectifs ne prennent jamais de -s** au pluriel en anglais.

My best friends are Emily and Pam. → Mes meilleures amies sont Emily et Pam.

• **On emploie l'article an et non a devant les mots qui commencent par une voyelle**, pour en faciliter la prononciation : **an aunt**, **an arm**…

3. Pay attention to the details!

Attention aux détails !

• Prends quelques minutes pour t'assurer que **la ponctuation et l'orthographe sont correctes** !

• Souviens-toi que **certains noms prennent toujours une majuscule** : les **pays** et leurs **habitants**, les **langues**, les **nationalités**, les **jours** de la semaine et les **mois**.

4. Don't confuse them!

Ne les mélange pas !

• **There is** et **there are** signifient « il y a » mais l'un est suivi d'un mot au **singulier** et l'autre d'un mot au **pluriel**. Sois logique : si tu sais compter, tu sais conjuguer !

There is a nice park in my city.
There are lots of trees.

• Attention à **ne pas confondre** non plus :

- **you're** (**you are**) / **your** (ton, ta, tes) : **You're** my friend. ≠ **Your** pen is on the table.
- **they're** (**they are**) / **their** (leur) / **there** (là-bas) : **They're** sad. ≠ **Their** life is great. ≠ Look over **there**!
- **it's** (**it is**) / **its** (son, sa, ses) : I love your house: **it's** very pretty! ≠ I like **its** style.

NOE, LET'S REVISE!

1. Ces phrases ont été écrites par un élève un peu étourdi. **Corrige-les** !

a. I love chocolate! What is you're favourite food?
b. I doesn't think its true.
c. My best friend have eyes blues.
d. There is three books english on the table.
e. New York? Its a amazing city!

ASTUCE

À chaque fois que ton (ta) professeur(e) te rend un devoir, **regarde** quelles fautes tu as faites et **note-les** dans un carnet ou sur une fiche. Avant le devoir suivant, **relis-les** pour les éviter !

Lexique ANGLAIS - FRANÇAIS

ABRÉVIATIONS : **adj.** adjectif ; **adv.** adverbe ; **conj.** conjonction ; **det.** déterminant ; **excl.** exclamation ; **expr.** expression ; **n.** nom ; **pl.** pluriel ; **prép.** préposition ; **pron.** pronom ; **sing.** singulier ; **v.** verbe ; **v. irrég.** verbe irrégulier.

A

about (prép.) /ə'baʊt/ à propos de
She is talking about her new book.

activity (n.) activité

afterwards (adv.) /'ɑːftəwədz/ ensuite
I'm going to school and to the park afterwards.

aloud (adv.) /ə'laʊd/ à haute voix

always (adv.) /'ɔːlweɪz/ toujours
I always go to school with my brothers.

amazing (adj.) incroyable Australia is amazing!

another (dét. et pron.) un(e) autre I want another piece of cake.

answer (n.) /'ɑːnsə/ réponse This is the correct answer.

answer (to) (v.) /'ɑːnsə/ répondre
Answer my question, please!

apply (to) (v.) /ə'plaɪ/ s'appliquer (à)

area (n.) zone This area is the best of the city.

arm (n.) /ɑːmz/ bra

armchair (n.) /'ɑːmtʃɛə/ fauteuil

arrive (to) (v.) arriver

art gallery (n.) galerie d'art

art room (n.) salle d'arts plastiques

artistic (adj.) artistique

Asia (n.) /'eɪʃə/ Asie

ask (to) (v.) demander
Can I ask you a question?

at (seven o'clock) (prép.) à (sept heures) I go to bed at ten thirty.

aunt (n.) /ɑːnt/ tante

author (n.) auteur(e)
Who is your favourite author?

autumn (n.) /'ɔːtəm/ automne

awesome (adj.) /'ɔːsəm/ génial(e)

B

back (n.) dos

backpack (n.) sac à dos

backyard (n.) /'bækjɑːd/ jardin

baggage (n.) /'bægɪdʒ/ bagages

ball (n.) ballon

basement (n.) /'beɪsmənt/ sous-sol

bat (n.) batte

bathroom (n.) salle de bains

be (to) (v. irrég.) être

bean (n.) /biːn/ haricot

beautiful (adj.) /'bjuːtɪfʊl/ beau (belle)

bed (n.) lit

bedroom (n.) chambre

behind (prép.) /bɪ'haɪnd/ derrière The cat is behind the chair.

belongings (n.) affaires

between (prép.) /bɪ'twiːn/ entre
Sit between us!

bike (n.) vélo

birthday (n.) /'bɜːθdeɪ/ anniversaire
Happy birthday to you!

black (adj.) noir(e)

blazer (n.) veste

blue (adj.) bleu(e)

bookshop (n.) librairie

born (to be) (expr.) naître

breakfast (n.) /'brɛkfəst/ petit déjeuner

bridge (n.) pont

bright (adj.) /braɪt/ clair(e)
The sky is very bright today.

British (adj.) britannique

brother (n.) /'brʌðə/ frère

brown (adj.) /braʊn/ brun(e)

brush (to) (v.) brosser
I brush my teeth every day.

build (to) (v. irrég.) /bɪld/ construire

building (n.) /'bɪldɪŋ/ bâtiment

C

cafeteria (n.) cantine
My school has a great cafeteria.

call (to) (v.) appeler He is trying to call you on your phone.

cap (n.) casquette

car (n.) voiture

car park (UK) (n.) parking

cartoon (n.) dessin animé

castle (n.) /'kɑːsəl/ château

catch (to) (v. irrég.) attraper

cathedral (n.) cathédrale

chair (n.) chaise

challenge (n.) /'tʃælɪndʒ/ défi
Learning English is a real challenge!

championship (n.) /'tʃæmpɪənʃɪp/ championnat

character (n.) /'kærɪktə/ personnage
In my book, the characters are very brave.

charming (adj.) charmant(e)

chat (to) (v.) discuter
I like to chat with my friends.

Lexique ANGLAIS - FRANÇAIS

cheese (n.) fromage

chicken (n.) poulet

child (n.) /tʃaɪld/ enfant

choose (to) (v. irrég.) choisir
Can I choose my meal?

chore (n.) /tʃɔː/ corvée

city (n.) ville

city centre (n.) centre-ville

classmate (n.) /'klɑːsmeɪt/ camarade de classe
My classmates are very funny.

classroom (n.) /'klɑːsruːm/ salle de classe

cliff (n.) falaise

clothes (n.) vêtements

cloud (n.) /'klaʊd/ nuage

cloudy (adj.) /'klaʊdɪ/ nuageux(euse)

clumsy (adj.) /'klʌmzɪ/ maladroit(e)

coat (n.) /kəʊt/ manteau

cold (adj.) froid(e)

colourful (adj.) coloré(e)

comedy series (n.) série humoristique

competition (n.) compétition
I have a football competition.

computer (n.) /kəm'pjuːtə/ ordinateur

contestant (n.) /kən'tɛstənt/ concurrent(e)

conventional (adj.) conventionnel(le)

cook (to) (v.) cuisiner
I am cooking dinner.

couch (n.) /kaʊtʃ/ canapé

cousin (n.) cousin(e)

create (to) (v.) /kriː'eɪt/ créer

cycle (to) (v.) /'saɪkəl/ faire du vélo

D

daily (adj.) quotidien(ne)
This is my daily routine.

dairy (n.) /'dɛərɪ/ produit laitier

dark (adj.) sombre

daughter (n.) /'dɔːtə/ fille

describe (to) (v.) /dɪ'skraɪb/ décrire

desk (n.) bureau

difficult (adj.) difficile

discover (to) (v.) découvrir

diverse (adj.) divers(e)

dog (n.) chien

drama (n.) théâtre I love drama because I want to be an actor.

draw (to) (v. irrég.) /drɔː/ dessiner
I like to draw.

drawing (n.) /'drɔːɪŋ/ dessin
My new drawing is a portrait of my brother.

dress (n.) robe

drink (n.) boisson

dry (adj.) /draɪ/ sec (sèche)

E

each (dét. et pron.) /iːtʃ/ chaque In my family, each child has a different hair color.

earring (n.) /'ɪərɪŋ/ boucle d'oreille

eat (to) (v. irrég.) manger
I eat four meals every day.

egg (n.) œuf

England (n.) Angleterre

enjoy (to) (v.) /ɪn'dʒɔɪ/ apprécier

enough (dét. et pron.) /ɪ'nʌf/ assez

entrance (n.) entrée

equipment (n.) /ɪ'kwɪpmənt/ équipement

escape (to) (v.) échapper

evening (n.) soir Good evening!

everyone (pron.) /'ɛvrɪwʌn/ tout le monde Everyone is waiting for us.

excited (adj.) /ɪk'saɪtɪd/ impatient(e)
I'm so excited about holidays!

exhibition (n.) /ˌɛksɪbɪʃən/ exposition

extract (n.) /ɪk'strækt/ extrait
This is an extract from my book.

F

face (n.) visage

false (adj.) /fɔːls/ faux(fausse)

family tree (n.) arbre généalogique

famous (adj.) célèbre

fast (adj.) rapide

fat (adj.) gros(se)

father (n.) père

feature (n.) /'fiːtʃə/ caractéristique

feeling (n.) sentiment

feet (n. pl.) (sing. **foot**) pieds

fictional (adj.) fictif(ive)

field (n.) /fiːld/ terrain

finally (adv.) /'faɪnəlɪ/ finalement

fireplace (n.) /'faɪəpleɪs/ cheminée

first (adj.) premier(ipère)

fit (adj.) en forme

flip-flops (n.) tongs

floor (n.) /flɔː/ étage We live on the first floor.

focus (to) (v.) /'fəʊkəs/ (se) concentrer Please, focus on your homework!

food (n.) /fuːd/ nourriture

foot (n.) (pl. **feet**) /fʊt/ pied

football (n.) football américain

foreign language (n.) langue étrangère

form (n.) formulaire

France (n.) France

free (adj.) /friː/ gratuit(e), libre
I play football during my free time.

French (adj.) français(e)

funny (adj.) drôle

fur (n.) /fɜː/ fourrure
I hate fur coats.

furniture (n.) /'fɜːnɪtʃə/ meuble

G

garden (n.) /'gɑːdən/ jardin

geography (n.) /dʒɪ'ɒgrəfɪ/ géographie

get dressed (to) (v. irrég.) s'habiller
I get dressed for school.

get up (to) (v. irrég.) se lever (le matin), se redresser, tenir debout

gift shop (n.) boutique de cadeaux

give (to) (v. irrég.) donner
Give me your hand!

glasses (n. pl.) lunettes

glove (n.) gant

go (to) (v. irrég.) aller
I go to dance classes.

good luck! (excl.) bonne chance !

grains (n.) céréales

grandfather (n.) /'grænfɑːðə/ grand-père

grandmother (n.) /'grænmʌðə/ grand-mère

great (adj.) /greɪt/ génial(e)
Week-ends are great.

Great Britain (n.) Grande-Bretagne

green (adj.) vert(e)

grey (adj.) gris(e)

guess (to) (v.) deviner
Guess what is my favourite colour!

gym (n.) /dʒim/ salle de sport

H

hair (n. sing.) /hɛə/ cheveux
My hair is black.

half (adv.) demi(e), moitié
The glass is half full.

hall (n.) hall

hand (n.) /hæn/ main

hang (to) (v. irrég.) /hæŋ/ accrocher In my room, I hang a lot of posters.

hang out (with friends) (to) (v. irrég.) sortir (avec des ami(e)s)

happy (adj.) heureux(euse)

harbour (n.) /'hɑːbə/ port

hard drive (n.) disque dur

hat (n.) chapeau

have (to) (v. irrég.) avoir

have a shower (to) (v. irrég.) prendre une douche

head (n.) /hɛd/ tête

head teacher (n.) professeur(e) principal(e)

health (n.) /hɛlθ/ santé

healthy (adj.) /'hɛlθɪ/ sain(e), en bonne santé

height (n.) /haɪt/ hauteur, taille

helmet (n.) /'hɛlmɪt/ casque

highlight (to) (v.) /'haɪlaɪt/ surligner

hike (to) (v.) /haɪk/ randonner

history (n.) /'hɪstərɪ/ histoire

hit (to) (v. irrég.) frapper

home (n.) maison, chez-soi, foyer
My sister is at home.

homework (n. sing.) devoirs

honest (adj.) honnête

hope (to) (v.) espérer I hope that my team will win the game.

hot (adj.) chaud(e)

house (n.) maison
My house is quite big.

hunting (n.) chasse

husband (n.) /'hʌzbənd/ mari

I

immigrant (n.) immigrant(e)

impressive (adj.) impressionnant(e)

in front of (prép.) devant
I am in front of your school.

in the morning (expr.) le matin

include (to) (v.) /ɪn'kluːd/ inclure

India (n.) Inde

Indian (adj.) indien(ne)

inside (adv.) /ɪnsaɪd/ à l'intérieur (de)
The book is inside the bag.

interesting (adj.) intéressant(e)

island (n.) île

itinerary (n.) itinéraire

J

jewel (n.) /'dʒuːəl/ bijou

journey (n.) trajet, voyage

jump (to) (v.) sauter

jumper (n.) /'dʒʌmpə/ pull-over

K

knowledge (n.) /'nɒlɪdʒ/ connaissance

L

lab(oratory) (n.) labo(ratoire)

landscape (n.) /'lændskeɪp/ paysage

lazy (adj.) /'leɪzɪ/ paresseux(euse)

learn (to) (v. irrég.) /lɜːn/ apprendre
We learn English.

leather (n.) /'lɛðə/ cuir

leave (to) (v. irrég.) partir, quitter

leg (n.) jambe

lettuce (n.) /'letɪs/salade

library (n.) /'laɪbrərɪ/ bibliothèque

light (n.) /laɪt/ lumière

listen to music (to) (v.) écouter de la musique

living room (n.) salon

lonely (adj.) solitaire

long (adj.) long(ue)

look for (to) (v.) chercher
I am looking for my friends.

look forward (to) (v.) avoir hâte

lower (adj.) /'ləʊə/ inférieur(e)

M

mall (n.) centre commercial
Let's go to the mall together!

main entrance (n.) /meɪn 'ɛntrəns/ entrée principale

make (to) (v. irrég.) faire
Can you make your bed?

man (n.) homme

many (dét. et pron.) beaucoup (de)

map (n.) plan, carte

market (n.) marché

married (adj.) marié(e)

mascot (n.) mascotte

masterpiece (n.) /'mɑːstəpiːs/ chef-d'œuvre

match (to) (v.) correspondre, relier, aller bien avec Your clothes match well!

math (n.) mathématiques

meal (n.) /miːl/ repas

medal (n.) /'mɛdəl/ médaille

medium-size (adj.) /'miːdɪəm saɪz/ de taille moyenne My mother is a medium-sized woman.

mirror (n.) /'mɪrə/ miroir

moor (n.) /mʊə/ lande

morning (n.) mɔːnɪŋ/ matin
Good morning!

Morocco (n.) Maroc

mother (n.) /'mʌðə/ mère

mountain (n.) montagne

mouth (n.) /maʊθ/ bouche

multi-ethnic (adj.) cosmopolite

museum (n.) musée

music (n.) musique

N

nationality (n.) /næʃə'nælɪtɪ/ nationalité

near (prép.) /nɪə/ près de
Come near us!

nearly (adv.) /'nɪəlɪ/ presque
The pizza is nearly ready.

neighbourhood (n.) /'neɪbəhʊd/ quartier

nephew (n.) /'nɛvjuː/ neveu

nervous (adj.) /'nɜːvəs/ nerveux(euse)

never (adv.) jamais
I am never late for school.

next (adj.) suivant(e)

next to (prép.) à côté de
My bag is next to my bike.

niece (n.) /niːs/ nièce

nose (n.) nez

O

often (adv.) /'ɒfən/ souvent
I often go to the movie theatre.

old (adj.) âgé(e)

on (prép.) sur
The cat is on the table.

once (a week / month...) (adv.) /wʌns/ une fois (par semaine / par mois...) I play football once a week.

only (adv.) /'əʊnlɪ/ seulement
I only have one brother.

opposite (n.) contraire, opposé(e)
White is the opposite of black.

order (n.) /'ɔːdə/ ordre

outside (adv.) /aʊt'saɪd/ à l'extérieur (de) It's raining outside.

P

pack (my bag) (to) (v.) préparer mon sac

paint (to) (v.) /peɪnt/ peindre

painting (n.) /'peɪntɪŋ/ tableau (art)
This is my favourite painting.

park (n.) parc

pass (to) (v.) passer
Pass me the ball!

pasta (n. sing.) pâtes

path (n.) /pɑːθ/ chemin

peculiar (adj.) /pɪ'kjuːlɪə/ étrange

pedestrian (n.) /pɪ'dɛstrɪən/ piéton(ne)

place (n.) lieu

play (to) (v.) jouer

player (n.) joueur(euse)

playground (n.) /'pleɪgraʊnd/ cour de récréation

poor (adj.) /pʊə/ pauvre

popular (adj.) populaire

postcard (n.) carte postale

potato (n.) pomme de terre

poverty (n.) /'pɒvətɪ/ pauvreté

practical (adj.) pratique

practise (to) (v.) s'entraîner

pretty (adj.) joli(e)

previous (adj.) précédent(e)

pupil (n.) /'pjuːpəl/ élève

purple (adj.) /'pɜːpəl/ violet(te)

Q

quite (adv.) /kwaɪt/ plutôt, assez
I play football quite well.

R

rain (n.) /reɪn/ pluie

rainy (adj.) /ˈreɪnɪ/ pluvieux(euse)
The weather is rainy.

rarely (adv.) /ˈrɛəlɪ/ rarement

read (to) (v. irrég.) /riːd/ lire
I read a new book.

ready (adj.) prêt(e)

real (adj.) /ˈrɪəl/ réel(le)

realistic (adj.) /rɪəˈlɪstɪk/ réaliste

reason (n.) raison

red (adj.) rouge My parents have a red car.

red (adj.) roux (rousse)
My hair is long and red.

relax (to) (v.) (se) détendre

restaurant (n.) restaurant

rice (n.) /raɪs/ riz

rich (adj.) riche

right (adj.) correct(e)

ring (n.) bague

river (n.) rivière

romantic (adj.) romantique

rough (adj.) /rʌf/ dur(e)

routine (n.) routine

running (n.) course à pied

S

sad (adj.) triste

scarf (n.) écharpe

school (n.) école

score (to) (v.) marquer I scored two points for my soccer team.

Scotland (n.) Écosse

screen (n.) /skriːn/ écran

season (n.) /ˈsiːzən/ saison

see (to) (v. irrég.) voir

seem (to) (v.) avoir l'air
You seem tired.

sentence (n.) /ˈsɛntəns/ phrase

serve (to) (v.) servir

shirt (n.) /ʃɜːt/ chemise

shoe (n.) chaussure

shoot (to) (v. irrég.) tirer

shop (n.) magasin

short (adj.) court(e)
I have short blond hair.

shorts (n. pl.) short It's hot today, so I'm wearing a pair of shorts.

shoulder-length (adj.) /ˈʃəʊldə leŋθ/ à hauteur d'épaule My hair is shoulder-length.

shy (adj.) /ʃaɪ/ timide

sibling (n.) frère ou sœur
Do you have any siblings?

sick (adj.) malade

sightseeing (n.) /ˈsaɪtsiːɪŋ/ tourisme

sing (to) (v. irrég.) chanter

sink (n.) évier

sister (n.) sœur

skilful (adj.) doué(e)

skirt (n.) /skɜːt/ jupe

skyscraper (n.) /ˈskaɪskreɪpə/ gratte-ciel

sleep (to) (v. irrég.) /sliːp/ dormir

slim (adj.) mince

slow (adj.) lent(e)

snow (n.) neige

soccer (n.) football

sock (n.) chaussette

soft (adj.) doux(douce)
Your voice is soft!

soldier (n.) soldat

sometimes (adv.) /ˈsʌmtaɪmz/ parfois
My sister and I sometimes go shopping together.

son (n.) /sʌn/ fils

spacious (adj.) spacieux(euse)

speak (to) (v. irrég.) /spiːk/ parler
I speak French and English!

spend (to) (v. irrég.) passer Did you spend time with your family?

spice (n.) /spaɪs/ épice

spicy (adj.) /ˈspaɪsɪ/ épicé(e)
Do you like spicy food?

sporty (adj.) sportif(ive)

spring (n.) /sprɪŋ/ printemps

stairs (n. pl.) escaliers

stand up (to) (v. irrég.) se lever
I stand up to speak in front of the class.

stepbrother (n.) demi-frère

stepfather (n.) beau-père

stepmother (n.) belle-mère

stepsister (n.) demi-sœur

strong (adj.) fort(e)

study (to) (v.) étudier

subway (n.) métro

successful (adj.) /səkˈsɛsfʊl/ qui réussit I want to have a successful career.

suit (n.) /suːt/ costume

summer (n.) /ˈsʌmə/ été

sun (n.) soleil

sunbathe (to) (v.) /ˈsʌnbeɪð/ bronzer
I love to sunbathe on the beach.

sunglasses (n. pl.) lunettes de soleil

sweater (n.) /ˈswɛtə/ sweat-shirt

sweep (to) (v. irrég.) /swiːp/ balayer

sweet (adj.) /swiːt/ doux (douce)

swim (to) (v. irrég.) nager I like to swim in the sea during summer.

swimsuit (n.) /ˈswɪmsuːt/ maillot de bain

Lexique ANGLAIS - FRANÇAIS

T

take (to) (v. irrég.) prendre
I take a picture.

talk (to) (v.) parler Talk to me!

tall (adj.) grand(e)

teeth (n. pl.) (sing. **tooth**) /tiːθ/ dents

then (adv.) /ðɛn/ puis I went home, then I watched a movie.

thin (adj.) /θɪn/ fin(e)

throw (to) (v. irrég.) lancer

thunder (n.) tonnerre

tie (n.) /taɪ/ cravate

timetable (n.) /'taɪmteɪbəl/ emploi du temps

tomato (n.) /tə'mɑːtəʊ/ tomate

tooth (n.) (pl. **teeth**) /tuːθ/ dent

topic (n.) matière
What is your favourite topic?

trade (to) (v.) échanger

traditional (n.) traditionnel(le)

train (n.) /treɪn/ train

train (to) (v.) /treɪn/ s'entraîner
I train to be the best football player.

train station (n.) /treɪn 'steɪʃən/ gare ferroviaire

trainer (n.) basket (chaussure)
Do you like my new trainers?

trip (n.) voyage

trousers (UK) (n.) pantalon

true (adj.) /truː/ vrai(e)

TV (n.) télé(vision)

TV series (n.) série télé(visée)

TV set (n.) poste de télévision

twice (a week / month...) (adv.) /twaɪs/ deux fois (par semaine / par mois...) I take dance classes twice a month.

U

uncle (n.) oncle

under (prép.) /'ʌndə/ sous
My bag is under my bed.

underline (to) (v.) souligner

unforgettable (adj.) /ʌnfə'getəbl/ inoubliable

upper (adj.) /'ʌpə/ supérieur(e)
My bedroom is on the upper floor.

usually (adv.) /'juːʒʊəlɪ/ la plupart du temps Usually, I take the bus to go to school.

V

vacation (n.) /və'keɪʃən/ vacances I'm going on vacation after school.

very (adv.) très

video game (n.) jeu vidéo

violin (n.) /vaɪə'lɪn/ violon

visit (to) (v.) visiter

W

wake up (to) (v. irrég.) se réveiller
I wake up at six every morning.

Wales (n.) /weɪlz/ Pays de Galles

walk (to) (v.) marcher

wall (n.) /wɔːl/ mur

war (n.) /wɔː/ guerre

wardrobe (n.) /'wɔːdrəʊb/ armoire

wash (to) (v.) nettoyer, laver
I wash my face twice a day.

watch (to) (v.) regarder

water (n.) /'wɔːtə/ eau

weak (adj.) /wiːk/ faible

weather (n.) /'wɛðə/ météo, temps
The weather is great today.

week (n.) /wiːk/ semaine

white (adj.) /waɪt/ blanc(he)

wife (n.) femme (épouse)

wind (n.) /wɪnd/ vent

window (n.) fenêtre

windy (adj.) /'wɪndɪ/ venteux(euse)

winter (n.) hiver

woman (n.) /'wʊmən/ femme

wonderful (adj.) /'wʌndəfʊl/ merveilleux(euse)

world (n.) monde
I want to see the world!

write (to) (v. irrég.) écrire
She writes a text.

wrong (adj.) /rɒŋ/ faux (fausse), incorrect(e)

Y

yearbook (n.) /'jɪəbʊk/ album de promo
I take pictures for our yearbook.

yellow (adj.) jaune

young (adj.) /jʌŋ/ jeune
My brother is very young.

Lexique FRANCAIS - ANGLAIS

A

à (sept heures) (prép.) at (seven o'clock) I go to bed at ten thirty.

à côté de (prép.) next to
My bag is next to my bike.

à haute voix (adv.) /ə'laʊd/ aloud

à l'extérieur (de) (adv.) /aʊt'saɪd/ outside It's raining outside.

à l'intérieur (de) (adv.) /ɪn'saɪd/ inside The book is inside the bag.

à propos (de) (prép.) /ə'baʊt/ about
She is talking about her new book.

accrocher (v.) /hæŋ/ hang (to) In my room, I hang a lot of posters.

activité (n.) activity

affaires (n.) belongings

Afrique (n.) Africa

âgé(e) (adj.) old

album de promo (n.) /'jɪəbʊk/ yearbook I take pictures for our yearbook.

Allemagne (n.) Germany

allemand(e) (adj.) German

aller (v.) go (to)
I go to dance classes.

Angleterre (n.) England

anniversaire (n.) /'bɜːθˌdeɪ/ birthday
Happy bithday to you!

appeler (v.) call (to) He is trying to call you on your phone.

appliquer (v.) /ə'plaɪ/ apply (to)
It doesn't apply.

apprécier (v.) /ɪn'dʒɔɪ/ enjoy (to)

apprendre (v.) /lɜːn/ learn (to)
I learn English.

arbre généalogique (n.) family tree

armoire (n.) /'wɔːdrəʊb/ wardrobe

arriver (v.) arrive (to)

artistique (adj.) artistic

Asie (n.) /'eɪʃə/ Asia

assez (adv.) /ɪ'nʌf/ enough

attraper (v.) catch (to)

auteur(e) (n.) author
Who is your favourite author?

automne (n.) /'ɔːtəm/ autumn

avoir (v.) have (to)
I have a dog and a cat.

avoir hâte (v.) look forward (to)

avoir l'air (v.) seem (to)
You seem tired.

B

boutique de cadeaux (n.) gift shop

britannique (adj.) British

brosser (v.) brush (to)
I brush my teeth everyday.

brun(e) (adj.) /braʊn/ brown

bureau (n.) desk

C

camarade de classe (n.) /'klɑːsmeɪt/ classmate
My classmates are very funny.

canapé (n.) /kaʊtʃ/ couch

cantine (n.) cafeteria
My school has a great cafeteria.

caractéristique (n.) /'fiːtʃə/ feature

carte postale (n.) postcard

casque (n.) /'hɛlmɪt/ helmet

casquette (n.) cap

cathédrale (n.) cathedral

célèbre (adj.) famous

centre commercial (n.) mall
Let's go to the mall together!

centre-ville (n.) city centre

céréales (n.) grains

chaise (n.) chair

chambre (n.) bedroom

championnat (n.) /'tʃæmpɪənʃɪp/ championship

chanter (v.) sing (to)

chapeau (n.) hat

chaque (adj.) /iːtʃ/ each
In my family, each child has a different hair color.

charmant(e) (adj.) charming

chasse (n.) hunting

château (n.) /'kɑːsəl/ castle

chaud(e) (adj.) hot

chaussette (n.) sock

chaussure (n.) shoe

chef-d'œuvre (n.) /'mɑːstəpiːs/ masterpiece

chemin (n.) /pɑːθ/ path

cheminée (n.) /'faɪəpleɪs/ fireplace

chemise (n.) /ʃɜːt/ shirt

chercher (v.) look for (to)
I am looking for my friends.

cheveux (n.) /hɛə/ hair
My hair is black.

chien (n.) dog

Chine (n.) China

chinois(e) (adj.) /tʃaɪ'niːz/ Chinese

choisir (v.) choose (to)
Can I choose my meal?

clair(e) (adj.) /braɪt/ bright
The sky is very bright today.

coloré(e) (adj.) colourful

compétition (n.) competition
Next friday, I have a football competition.

concentrer (se) (v.) /'fəʊkəs/ focus (to)
Please, focus on your homework!

concurrent(e) (n.) /kən'tɛstənt/ contestant

Lexique FRANÇAIS - ANGLAIS

connaissance (n.) /'nɒlɪdʒ/ knowledge

construire (v.) /bɪld/ build (to)

contraire (n.) opposite White is the opposite of black.

conventionnel(le) (adj.) conventional

correct(e) (adj.) right

correspondre, relier, aller bien avec (v.) match (to) Your clothes match well!

corvée (n.) /tʃɔː/ chore

cosmopolite (adj.) multi-ethnic

costume (n.) suit

cou (n.) neck

cour de récréation (n.) /'pleɪgraʊnd/ playground

course à pied (n.) running

court(e) (adj.) short
I have short blond hair.

cousin(e) (n.) cousin

cravate (n.) /taɪ/ tie

créer (v.) /kriː'eɪt/ create (to)

cuir (n.) /'lɛðə/ leather

cuisiner (v.) cook (to)
I am cooking dinner.

D

de taille moyenne (adj.) /'miːdɪəm saɪz/ medium-size My mother is a medium-sized woman.

décontracté(e) (adj.) /'kæʒjʊəl/ casual On Sundays, my clothes are more casual.

découvrir (v.) discover (to)

décrire (v.) /dɪ'skraɪb/ describe (to)

défi (n.) /'tʃælɪndʒ/ challenge
Learning English is a real challenge!

demander (v.) ask (to)
Can I ask you a question?

demi(e), moitié (adv. et n.) half
The glass is half full.

demi-frère (n.) stepbrother

demi-sœur (n.) stepsister

dent (n.) /tiːθ/ tooth (pl. teeth)

derrière (prép.) /bɪ'haɪnd/ behind
The cat is behind the chair.

dessin (n.) /'drɔːɪŋ/ drawing
My new drawing is a portrait of my brother.

dessin animé (n.) cartoon

dessiner (v.) /drɔː/ draw (to)
I like to draw.

détendre (se) (v.) relax (to)

deux fois (par semaine / par mois...) (expr.) /twaɪs/ twice (a week/ month...) I take dance classes twice a month.

devant (prép.) in front of
I am in front of your school.

deviner (v.) guess (to)
Guess what is my favourite colour!

devoirs (n.) homework

diaporama (n.) slideshow

difficile (adj.) difficult

discuter (v.) chat (to)
I like to chat with my friends.

disque dur (n.) hard drive

divers(e) (adj.) diverse

donner (v.) give (to)
Give me your hand!

dormir (v.) /sliːp/ sleep (to)

dos (n.) back

doué(e) (adj.) /'skɪlfʊl/ skilful

doux (douce) (adj.) sweet, soft
Your voice is soft!

drôle (adj.) funny

dur(e) (adj.) /rʌf/ rough

E

eau (n.) /'wɔːtə/ water

échanger (v.) trade (to)

échapper (v.) escape (to)

écharpe (n.) scarf

école (n.) school

Écosse (n.) Scotland

écouter (v.) listen (to)

écran (n.) /skriːn/ screen

écrire (v.) write (to)
She writes a text.

élève (n.) /'pjuːpəl/ pupil

emploi du temps (n.) /'taɪmteɪbəl/ timetable

en forme (adj.) fit

enfant (n.) /tʃaɪld/ child

ensuite (adv.) /'ɑːftəwədz/ afterwards I'm going to school and to the park afterwards.

entier(ière) (adj.) /həʊl/ whole
Can you give me the whole cake?

entreîner (s') (v.) /treɪn/ train (to)
I train to be the best football player.

entre (prép.) /bɪ'twiːn/ between
Sit between us!

entrée (n.) entrance

entrée principale (n.) /meɪn'ɛntrəns/ main entrance

épaule (n.) /'ʃəʊldə/ shoulder
My hair is shoulder-length.

épice (n.) /spaɪs/ spice

épicé(e) (adj.) /'spaɪsɪ/ spicy
Do you like spicy food?

équipement (n.) /ɪ'kwɪpmənt/ equipment

escaliers (n.) stairs

Espagne (n.) Spain

espagnol(e) (adj.) Spanish

espérer (v.) hope (to) I hope that my team will win the game.

étage (n.) /flɔː/ floor
We live on the first floor.

été (n.) /ˈsʌmə/ summer

étrange (adj.) /pɪˈkjuːlɪə/ peculiar

être (v.) be (to)

étudier (v.) study (to)

évier (n.) sink

explorer (v.) explore (to)

exposition (n.) /ɛksɪˈbɪʃən/ exhibition

extra-scolaire (adj.) extra-curricular

extrait (n.) /ɪkˈstrækt/ extract
This is an extract from my book.

F

faible (adj.) /wiːk/ weak

faire (v.) make (to)
Can you make your bed?

faire du vélo (v.) /ˈsaɪkəl/ cycle (to)

falaise (n.) cliff

fauteuil (n.) /ˈɑːmtʃɛə/ armchair

faux (fausse) (adj.) /fɔːls/ false

femme (n.) /ˈwʊmən/ woman

femme (épouse) (n.) wife

fenêtre (n.) window

fictif(ive) (adj.) fictional

filet (n.) net

fille (de ses parents) (n.) /ˈdɔːtə/ daughter

fils (n.) /sʌn/ son

fin(e) (adj.) /θɪn/ thin

finalement (adv.) /ˈfaɪnəlɪ/ finally

football (n.) soccer

football américain (n.) football

formulaire (n.) form

fort(e) (adj.) strong

fourrure (n.) /fɜː/ fur
I hate fur coats.

foyer (n.) home

français(e) (adj.) French

France (n.) France

frapper (v.) hit (to)

frère (n.) /ˈbrʌðə/ brother

frères et sœurs (n.) siblings
Do you have any siblings?

froid(e) (adj.) cold

fromage (n.) cheese

G

galerie d'art (n.) art gallery

gant (n.) glove

gare (n.) /treɪn ˈsteɪʃən/ train station

génial(e) (adj.) /greɪt/ great ; (adj.) /ˈɔːsəm/ awesome
Weekends are great.

géographie (n.) /dʒɪˈɒgrəfɪ/ geography

grand(e) (adj.) tall

grand-mère (n.) /ˈgrænmʌðə/ grandmother

grand-père (n.) /ˈgrænfɑːðə/ grandfather

Grande-Bretagne (n.) Great Britain

gratte-ciel (n.) /ˈskaɪskreɪpə/ skyscraper

gratuit(e) (adj.) /friː/ free

gris(e) (adj.) grey

gros(se) (adj.) fat

guerre (n.) /wɔː/ war

H

hall (n.) entrée, hall, couloir

habiller (s') (v.) get dressed (to) I get dressed for school.

haricot (n.) /biːn/ bean

hauteur, taille (n.) /haɪt/ height

heures d'ouverture (n.) opening hours

heureux(euse) (adj.) happy

histoire (n.) /ˈhɪstərɪ/ history

hiver (n.) winter

homme (n.) man

honnête (adj.) honest

hôpital (n.) hospital

I

île (n.) island

immigrant(e) (n.) immigrant

impatient(e) (adj.) /ɪkˈsaɪtɪd/ excited
I'm so excited about holidays!

impressionnant(e) (adj.) impressive

inclure (v.) /ɪnˈkluːd/ include (to)

incorrect(e) (adj.) /rɒŋ/ wrong

incroyable (n.) amazing
Australia is amazing!

Inde (n.) India

indien(ne) (adj.) Indian

inférieur(e) (adj.) /ˈləʊə/ lower

inoubliable (adj.) /ʌnfəˈgetəbl/ unforgettable

intéressant(e) (adj.) interesting

Italie (n.) Italy

itinéraire (n.) itinerary

J

jamais (adv.) never
I am never late for school.

jambe (n.) leg

Japon (n.) Japan

japonais(e) (adj.) Japanese

jardin (n.) /ˈgɑːdən/ garden

jaune (adj.) yellow

jeu vidéo (n.) video game

Lexique FRANÇAIS - ANGLAIS

jeune (adj.) /jʌŋ/ young
My brother is very young.

joli(e) (adj.) pretty

jouer (v.) play (to)

joueur(euse) (n.) player

jupe (n.) /skɜːt/ skirt

L

la plupart du temps (expr.) /'juːʒʊəlɪ/ usually Usually, I take the bus to go to school.

labo(ratoire) (n.) lab(oratory)

lampe (n.) lamp

lancer (v.) throw (to)

lande (n.) /mʊə/ moor

langage (n.) language

langue étrangère (n.) foreign language

le matin (expr.) in the morning

lent(e) (adj.) slow

librairie (n.) bookshop

libre (adj.) /friː/ free
I play football during my free time.

lieu (n.) place

lire (v.) /riːd/ read (to)
I read a new book.

lit (n.) bed

long(ue) (adj.) long

lumière (n.) /laɪt/ light

lunettes (n.) glasses

lunettes de soleil (n.) sunglasses

M

magasin (n.) shop

magasin de cadeaux (n.) gift shop

magasin de vêtements (n.) /'kləʊðɪŋ ʃɒp/ clothing shop

maillot de bain (n.) /'swɪmsuːt/ swimsuit

main (n.) /hænz/ hand

maison (n.) house
My house is quite big.

malade (adj.) sick

maladroit(e) (adj.) /'klʌmzɪ/ clumsy

manger (v.) eat (to)
I eat four meals every day.

manteau (n.) /kəʊt/ coat

marché (n.) market

marcher (v.) walk (to)

mari (n.) /'hʌzbənd/ husband

marié(e) (adj.) married

Maroc (n.) Morocco

marquer (v.) score (to)
I scored two points for my soccer team.

mascotte (n.) mascot

mathématiques (n.) math

matière (école) (n.) topic
What is your favourite topic?

matin (n.) /mɔːnɪŋ/ morning
Good morning!

médaille (n.) /'mɛdəl/ medal

mère (n.) /'mʌðə/ mother

merveilleux(euse) (adj.) /'wʌndəfʊl/ wonderful

météo (n.) /'wɛðə/ weather
The weather is great today.

métro (n.) subway

meuble (n.) /'fɜːnɪtʃə/ furniture

mince (adj.) slim

miroir (n.) /'mɪrə/ mirror

monde (n.) world
I want to see the world!

montagne (n.) mountain

musée (n.) museum

musique (n.) music

N

nager (v.) swim (to)
I like to swim in the sea during summer.

naître (v.) be born (to)

nationalité (n.) /næʃə'nælɪtɪ/ nationality

neige (n.) snow

nerveux(euse) (adj.) /'nɜːvəs/ nervous

nettoyer (v.) wash (to)
I wash my face twice a day.

neveu (n.) /'nɛvjuː/ nephew

nez (n.) nose

nièce (n.) /niːs/ niece

noir(e) (adj.) black

nourriture (n.) /fuːd/ food

nuage (n.) /'klaʊd/ cloud

nuageux(euse) (adj.) /'klaʊdɪ/ cloudy

O

œuf (n.) egg

oncle (n.) uncle

ordinateur (n.) /kəm'pjuːtə/ computer

ordre (n.) /'ɔːdə/ order

P

pantalon (n.) trousers

parc (n.) park

parcours (n.) journey

paresseux(euse) (adj.) /'leɪzɪ/ lazy

parfois (adv.) /'sʌmtaɪmz/ sometimes

My sister and I sometimes go shopping together.

parking (n.) parking

parler (v.) talk (to)
Talk to me!

parler (v.) /spiːk/ speak (to)
I speak French and English!

partir, quitter (v.) leave (to)

passer temps (v.) spend (to)
Did you spend time with your family?

passer (objet) (v.) pass (to)
Pass me the ball!

pâtes (n.) pasta

pauvre (adj.) /pʊə/ poor

pauvreté (n.) /ˈpɒvətɪ/ poverty

Pays de Galles (n.) /weɪlz/ Wales

paysage (n.) /ˈlændskeɪp/ landscape

peindre (v.) /peɪnt/ paint (to)

père (n.) father

personnage (n.) /ˈkærɪktə/ character
In my book, the characters are very brave.

petit déjeuner (n.) /ˈbrɛkfəst/ breakfast

phrase (n.) /ˈsɛntəns/ sentence

pied (n.) /fʊt/ foot

piéton(ne) (n.) /pɪˈdɛstrɪən/ pedestrian

plan (n.) map

pluie (n.) /reɪn/ rain

plutôt, assez (adv.) /kwaɪt/ quite
I play football quite well.

pluvieux(euse) (adj.) /ˈreɪnɪ/ rainy
The weather is rainy.

pomme de terre (n.) potato

pont (n.) bridge

populaire (adj.) popular

port (n.) /ˈhɑːbə/ harbour

poste de télévision (n.) TV set

potelé(e) (adj.) /plʌmp/ plump

poulet (n.) chicken

pratique (adj.) practical

précédent(e) (adj.) previous

premier(ière) (adj.) first

prendre (v.) take (to)
I take a picture.

prendre (une douche) (v.) have (a shower) (to)

préparer mon sac (v.) pack my bag (to)

près de (prép.) /nɪə/ near
Come near us!

presque (adv.) /ˈnɪəlɪ/ nearly
The pizza is nearly ready.

prêt(e) (adj.) ready

printemps (n.) /sprɪŋ/ spring

produit laitier (n.) /ˈdɛərɪ/ dairy

professeur(e) principal(e) (n.) head teacher

puis (adv.) /ðɛn/ then I went home, then I watched a movie.

pull-over (n.) /ˈdʒʌmpə/ jumper

Q

qualité (n.) quality

quartier (n.) /ˈneɪbəhʊd/ neighbourhood

qui a du succès (adj.) /səkˈsɛsfʊl/ successful I want to have a successful career.

quotidien(ne) (adj.) daily
This is my daily routine.

R

raison (n.) reason

randonner (v.) /haɪk/ hike (to)

rapide (adj.) fast

rarement (adv.) /ˈrɛəlɪ/ rarely

réaliste (adj.) /rɪəˈlɪstɪk/ realistic

réel(le) (adj.) /ˈrɪəl/ real

regarder (v.) watch (to)

repas (n.) /miːl/ meal

répondre (v.) /ˈɑːnsə/ answer (to)
Answer my question, please!

réponse (n.) /ˈɑːnsə/ answer
This is the correct answer.

restaurant (n.) restaurant

riche (adj.) rich

rivière (n.) river

riz (n.) /raɪs/ rice

robe (n.) dress

romantique (adj.) romantic

rouge (adj.) red
My parents have a red car.

routine (n.) routine

roux (rousse) (adj.) red
My hair is long and red.

S

sac à dos (n.) backpack

sain(e) (adj.) /ˈhɛlθɪ/ healthy

saison (n.) /ˈsiːzən/ season

salade (n.) /ˈlɛtɪs/lettuce

salle (n.) /ruːm/ room

salle de bains (n.) bathroom

salle de classe (n.) /ˈklɑːsruːm/ classroom

salle de sport (n.) /dʒim/ gym

salon (n.) living room

santé (n.) /ˈhɛlθ/ health

sauter (v.) jump (to)

science (n.) /ˈsaɪəns/ science

se lever (v.) stand up (to)
I stand up to speak in front of the class.

se redresser, tenir debout (v.) get up (to)

se réveiller (v.) wake up (to)
I wake up at six every morning.

sec (sèche) (adj.) /draɪ/ dry

semaine (n.) /wiːk/ week

Lexique FRANÇAIS - ANGLAIS

sentiment (n.) feeling

série humoristique (n.) comedy series

série télé(visée) (n.) TV series

servir (v.) serve (to)

seulement (adv.) /'əʊnlɪ/ only
I only have one brother.

short (n.) shorts It's hot today, so I'm wearing a pair of shorts.

sœur (n.) sister

soir (n.) evening
Good evening!

soldat (n.) soldier

soleil (n.) /sʌn/ sun

solitaire (adj.) lonely

sombre (adj.) dark

sortir (avec des amis) (v.) hang out (with friends) (to)

souligner (v.) underline (to)

sous (prép.) /'ʌndə/ under
My bag is under my bed.

sous-sol (n.) /'beɪsmənt/ basement

souvent (adv.) /'ɒfən/ often
I often go to the movie theatre.

spacieux (adj.) spacious

sportif (adj.) sporty

suivant (adj.) next

supérieur (adj.) /'ʌpə/ upper
My bedroom is on the upper floor.

sur (prép.) on
The cat is on the table.

surligner (v.) /'haɪlaɪt/ highlight (to)

sweat-shirt (n.) /'swɛtə/ sweater

T

tableau (art) (n.) /'peɪntɪŋ/ painting
This is my favourite painting.

tante (n.) /ɑːnt/ aunt

télévision (n.) TV

température (n.) /'tɛmprɪtʃə/ temperature

terrain (n.) /fiːld/ field

tête (n.) /hɛd/ head

théâtre (n.) drama I love drama because I want to be an actor.

timide (adj.) /ʃaɪ/ shy

tirer (v.) shoot (to)

tomate (n.) /tə'mɑːtəʊ/ tomato

tongs (n.) flip-flops

tonnerre (n.) thunder

toujours (adv.) /'ɔːlweɪz/ always
I always go to school with my brothers.

tourisme (n.) /'saɪtˌsiːɪŋ/ sightseeing

tout le monde (expr.) /'ɛvrɪwʌn/ everyone Everyone is waiting for us.

traditionnel(le) (n.) traditional

train (n.) /treɪn/ train

très (adv.) very

triste (adj.) sad

U

une fois (par semaine / par mois...) (expr.) /wʌns/ once (a week / month...) I play football once a week.

urbain(e) (adj.) /'ɜːbən/ urban

V

vacances (n.) /və'keɪʃən/ vacation
I'm going on vacation after school.

vélo (n.) bike

vent (n.) /'wɪnd/ wind

venteux(euse) (adj.) /'wɪndɪ/ windy

vert(e) (adj.) green

veste (n.) blazer

vêtement (n.) piece of clothing (pl. clothes)

ville (n.) city

violet(e) (adj.) /'pɜːpəl/ purple

violon (n.) /vaɪə'lɪn/ violin

visage (n.) face

visiter (v.) visit (to)

voir (v.) see (to)

voiture (n.) car

voyage (n.) trip

vrai(e) (adj.) /truː/ true

Z

zone (n.) area
This area is the best of the city.

Crédits photographiques et textes : Couverture : Simone Van Den Berg | Dreamstime.com ; Galina Barskaya | Dreamstime.com ; Gunold | Dreamstime.com ; track5/iStockphoto.com ; Wavebreakmedia Ltd | Dreamstime.com ; SI Cover / Getty Images ; Giovanni Gagliardi | Dreamstime.com ; Spiceboi_99 | Dreamstime.com ; THE INCREDIBLES (2004); PIXAR ANIMATION STUDIOS/WALT DISNEY PICTURES / Album Online ; Copyright ©1947 (Going and Coming) the Norman Rockwell Family Entities ; **Page de garde :** Robwilson39 | Dreamstime.com ; Patrickwang | Dreamstime.com ; Gualtiero Boffi | Dreamstime.com ; Richard Majlinder | Dreamstime.com ; New York Sunday News/Wikimedia Commons ; NASA/Bill Ingalls/Wikimedia Commons ; Print Collector / Contributeur/Album Online ; Willeecole | Dreamstime.com ; Daniel Krol | Dreamstime.com ; Robert Wisdom | Dreamstime.com ; David Cabrera Navarro | Dreamstime.com ; bluecinema/iStockphoto.com ; Alexey Arkhipov | Dreamstime.com ; Martinmark | Dreamstime.com ; Photojogtom | Dreamstime.com ; Denis Pepin | Dreamstime.com ; Mashakotcur | Dreamstime.com ; Graphics1976 | Dreamstime.com ; Anna Kucherova | Dreamstime.com ; bupole maweja | Dreamstime.com ; Vanda Grigorovic | Dreamstime.com ; Mariia Zariechnieva | Dreamstime.com ; **U0 : p. 12 :** Wavebreakmedia Ltd | Dreamstime.com ; gerenme/iStockphoto.com ; Jbk_photography | Dreamstime.com ; Patiwit Hongsang | Dreamstime.com ; Galina Barskaya | Dreamstime.com ; Patiwit Hongsang | Dreamstime.com ; Patiwit Hongsang | Dreamstime.com ; Giovanni Gagliardi | Dreamstime.com ; © Anneleen Lindsay 2015 ; sborisov/iStockphoto.com ; **p. 13 :** track5 /iStockphoto.com ; Patiwit Hongsang | Dreamstime.com ; jamegaw/iStockphoto.com ; Svetlana Day | Dreamstime.com ; Andrea Leone | Dreamstime.com ; Rosemary Buffoni | Dreamstime.com ; Simone Van Den Berg | Dreamstime.com ; Patiwit Hongsang | Dreamstime.com ; Gunold | Dreamstime.com ; Patiwit Hongsang | Dreamstime.com ; Lindamore | Dreamstime.com ; © Look and Learn ; Spiceboi_99 | Dreamstime.com ; dszc/iStockphoto.com ; **p. 16 :** wundervisuals/iStockphoto.com ; brians101/iStockphoto.com ; shells1/iStockphoto.com ; Pictac | Dreamstime.com ; Rafael Ben Ari | Dreamstime.com ; Oktay Ortakcioglu/iStockphoto.com ; St David's Day Celebration / Dathlu Dydd Gwyl Dewi 2009/Wikimedia ; Burlaka Alexey | Dreamstime.com ; Anizza | Dreamstime.com ; St_George's_Day_2010_-_18/Wikimedia Commons ; Paul Weinberg_wikimedia ; Zmiter | Dreamstime.com ; Anizza | Dreamstime.com ; **p. 17 :** Photawa | Dreamstime.com ; Stephen Coburn |Dreamstime.com ; Samrat35 | Dreamstime.com ; Kmeine | Dreamstime.com ; lolaira/iStockphoto.com ; Smileus/iStockphoto.com ; leminuit/iStockphoto.com ; Rawpixel Ltd/iStockphoto.com ; Jasperimage | Dreamstime.com ; Kurhan | Dreamstime.com ; golero/iStockphoto.com ; Kuvona/iStockphoto.com ; **U1 : p. 18 :** Galina Barskaya | Dreamstime.com ; **p. 19 :** Galina Barskaya | Dreamstime.com ; Kmiragaya | Dreamstime.com.jpg ; From Bound Round, London, Kids View, What to do in London (Insider tips from local kids) (2014) / www.boundround.com Free iOS app: https://itunes.apple.com/us/app/bound-round/id583732241?ls=1&mt=8 ; **p.20 :** Dave Bredeson | Dreamstime.com ; Manav Lohia | Dreamstime.com ; mouse_md/Fotolia.com ; Galina Barskaya | Dreamstime.com ; Patiwit Hongsang | Dreamstime.com ; Atman | Dreamstime.com **p. 21 :** From Vox Pops International, Kids: What do you like to do in your free time? (2012) ©Vox Pops International ; Galina Barskaya | Dreamstime.com ; AlenKadr/iStockphoto.com ; Jacek Chabraszewski | Dreamstime.com ; **p. 22 :** © Rimidesigns ; Galina Barskaya | Dreamstime.com ; bandian1122/iStockphoto.com ; OaksPark HighSchool, From Oaks Park High School - Year 7's First Day (2016) / Oaks Park High School ; **p. 23 :** Photos from Oaks Park High School ; Oaks Park High School ; Patiwit Hongsang | Dreamstime.com ; Mikhail Malyugin | Dreamstime.com ; **p. 25 :** Sergiyn | Dreamstime.com ; **p. 26 :** Patiwit Hongsang | Dreamstime.com ; **p. 28 :** stockillustrator/Fotolia.com ; Alistair Ross/wikimedia commons ; sumnersgraphicsinc/Fotolia.com ; Galina Barskaya | Dreamstime.com ; Wavebreakmedia Ltd | Dreamstime.com ; track5/iStockphoto.com ; Simone Van Den Berg | Dreamstime.com ; Gunold | Dreamstime.com ; **p. 29 :** Lycée Jules Ferry ; Konstantin Kamenetskiy | Dreamstime.com ; Tomfotorama | Dreamstime.com ; Tracy Whiteside | Dreamstime.com ; **U2 : Page 30 :** Wavebreakmedia Ltd | Dreamstime.com ; FilippoBacci/iStockphoto.com ; **p. 31 :** © American Broadcasting Companies, Inc. ; From Lonely Planet, New York City Guide - Lonely Planet travel video (2013)© 2013 Lonely Planet. All rights reserved. ; **Page 32 :** Copyright ©1947 (Going and Coming) the Norman Rockwell Family Entities ; **p. 33 :** From John DeMado, How is your family? (2017) / Lyrics only for "Como es tu familia?" by John DeMado from EXPRESATE, Al Rap CD-ROM. Copyright © by Holt, Rinehart and Winston. All rights reserved. Translated and used by permission of the publisher, Houghton Mifflin Harcourt Publishing Company. ; carballo/Fotolia.com_R ; Kazyavka/Fotolia.com_R ; strekalova/Fotolia.com_R ; **p. 34 :** miu_miu/iStockphoto.com ; 20TH CENTURY FOX TV / Album ; **p. 35 :** Louisa May Alcott, Little Women (1868) ; kai/Fotolia.com ; Activity poster "Different Families, same love" used with agreement from Stonewall Equality, UK ; **p. 36 :** Juanmonino/iStockphoto.com ; **p. 37 :** Juanmonino/iStockphoto.com ; DGLimages / iStockphoto.com ; Wavebreakmedia Ltd | Dreamstime.com ; **p. 39 :** Picsstock / Alamy Stock Photo ; © FOX / Getty Images ; UNIVERSAL TV/20TH CENTURY FOX TV/KLASKY-SCUPO / Album Online ; 20TH CENTURY FOX TV / Album Online ; **p. 40 :** Norman Rockwell/wikimedia commons ; ©1943 (Freedom From Want) the Norman Rockwell Family Entities ; Courtesy Of Lois Mailou Jones Pierre-Noel Trust ; U.S. National Archives and Records Administration/Wikimedia Commons ; Galina Barskaya | Dreamstime.com ; Wavebreakmedia Ltd | Dreamstime.com ; track5/iStockphoto.com ; Simone Van Den Berg | Dreamstime.com ; Gunold | Dreamstime.com ; **p. 41 :** ferrantraite/iStockphoto.com ; Getty Images_Maskot ; **p. 42 :** javier brosch/Fotolia.com ; Minerva Studio/Fotolia.com ; nadia_bormotova ; **AP : p. 43 :** DR Cordell Hauglie of Edmonds, Washingtin, Snowball **U3 : p. 44 :** track5/iStockphoto.com ; jamegaw/iStockphoto.com ; **p. 45 :** From AmaeTV, Top 10 Things To Do in Dublin Ireland (2015) / Created and Hosted By: Alicia Mae Webb for AMae.TV ; **p. 46 :** Pixelrobot | Dreamstime.com ; **p. 47 :** track5 iStockphoto.com ; Vectorikart | Dreamstime.com ; Showface | Dreamstime.com ; **p. 48 :** track5 iStockphoto.com ; © https://www.writing.ie/ ; © Copyright - Tempo Music School ; property of The Gaiety School of Acting, The National Theatre School of Ireland, designed by Mr & Mrs Stevens ; MyArt School of Art & Dance - www. myartdublin.com ; Copyright Chaney Farrell Academy ; cc sport géalique ; Spaxia | Dreamstime.com ; Paul Hakimata| Dreamstime.com ; Monika Wisniewska | Dreamstime.com ; **p. 49 :** "Cultivate Inclusion", 2010 by Penelope Dullaghan ; Siun Lennon, Interview: Jean Kennedy, Irish dancing World Champion (2015) ; Photo from Siun Lennon, Interview: Jean Kennedy, Irish dancing World Champion (2015) ; Anatoliy Samara | Dreamstime.com ; **p. 52 :** Vectorikart | Dreamstime.com ; **p. 53 :** Jlcst | Dreamstime.com ; Bjørn Hovdal | Dreamstime.com ; Raja Rc | Dreamstime.com ; Ron Sumners | Dreamstime.com ; Py2000 | Dreamstime.com ; Ingrid Prats | Dreamstime.com ; Maglara | Dreamstime.com ; Serban Bogdan | Dreamstime.com ; **p. 54 :** Aidan_O'Mahony_&_Eoin_Bradley_wikimediacommons ; Svetlana Day | Dreamstime.com ; Aurelien/Fotolia.com ; Patiwit Hongsang | Dreamstime.com ; Galina Barskaya | Dreamstime.com ; Wavebreakmedia Ltd | Dreamstime.com ; track5/iStockphoto.com ; Simone Van Den Berg | Dreamstime.com ; Gunold | Dreamstime.com ; **p. 55 :** Clearviewstock | Dreamstime.com ; Sirichai/Fotolia.com ; adventtr/iStockphoto.com ; **U4 : p. 56 :** Simone Van Den Berg | Dreamstime.com ; Gabriele Maltinti/iStockphoto.com ; **p. 57 :** Simone Van Den Berg | Dreamstime.com ; From WatchMojo Travel, Travel Guide: Los Angeles, California (2012) / watchmojo ; **p. 58 :** Iñaki Aliste ©2013-2017 nikneuk ETSY: https://www.etsy.com/shop/TVFLOORPLANSandMORE - FaceBook page: https://www.facebook.com/TVFloorplansandMore/ ; THE SIMPSONS (1989). UNIVERSAL TV/20TH CENTURY FOX TV / Album Online ; **p. 59 :** Iñaki Aliste ©2013-2017 nikneuk ETSY: https://www.etsy.com/shop/TVFLOORPLANSandMORE - FaceBook page: https://www.facebook.com/TVFloorplansandMore/ ; Ruth Black | Dreamstime.com ; Horiyan | Dreamstime.com ; Mark Aplet | Dreamstime.com ; Bjørn Hovdal | Dreamstime.com ; Ekaterina/Fotolia.com ; **p. 60 :** THE INCREDIBLES (2004); PIXAR ANIMATION STUDIOS/WALT DISNEY PICTURES / Album Online ; RATATOUILLE (2007). WALT DISNEY PICTURES / Album Online; MARKA / Alamy Stock Photo ; Entertainment Pictures / Alamy Stock Photo ; Entertainment Pictures/ Alamy Stock Photo ; DR Edwina Reizer, My Favourite Room (2010) ; **p. 61 :** Tomfotorama | Dreamstime.com ; Branchecarica | Dreamstime.com ; Julynx | Dreamstime.com ; Alexyndr | Dreamstime.com ; Burlesck | Dreamstime.com ; © Chris Madden, Metaphor For Gender Stereotypes ; grafikplusfoto/Fotolia.com ; Alexandra/Fotolia.com ; lanych/Fotolia.com ; **p. 66 :** WARNER BROS. / Album Online ; Georges Biard/Wikimedia Commons ; Twentieth Century Fox ; Barskaya | Dreamstime.com ; Wavebreakmedia Ltd | Dreamstime.com ; track5 iStockphoto.com ; Van Den Berg | Dreamstime.com ; Gunold | Dreamstime.com ; **p. 67 :** Roman Gorielov/Fotolia.com ; destina/Fotolia.com ; antonbrand/Fotolia.com ; 3darcastudio/Fotolia.com ; 3dmavr/Fotolia.com ; Rawpixel.com/Fotolia.com ; shock/Fotolia.com ; Gut Feeling/Fotolia.com ; **p. 69 :** Francesco Abrignani | Dreamstime.com ; **U5 : p. 70 :** Galina Barskaya | Dreamstime.com ; Anatoleya/iStockphoto.com ; **p. 71 :** Hupeng | Dreamstime.com ; From Ceara McEvoy, BRICKLANE - The 10 Reasons I Love this Place! (2013) © CEARA MCEVOY - https://www.youtube.com/watch?v=Tnyoeo5UXqA ; **p.72 :** Oaks Park High School ; Stocksnapper | Dreamstime.com ; Monika3stepsahead | Dreamstime.com ; Belliot | Dreamstime.com ; Aurinko | Dreamstime.com ; Avesun | Dreamstime.com ; Jyothi | Dreamstime.com ; Didecs | Dreamstime.com ; Ron Sumners | Dreamstime.com ; Oaks Park High School ; Oaks Park High School ; Natalia Nazarenko Vladimirovna ; Alexander Pladdet | Dreamstime.com ; Peter Gustafson | Dreamstime.com ; Drugoy66 | Dreamstime.com ; **p. 73 :** © Anneleen Lindsay 2015 ; Nick David / Getty Images ; Ben Pipe Photography / Getty Images ; Charles Beyl © CartoonStock Ltd. 2017 ; Burlaka Alexey | Dreamstime.com ; luaeva/Fotolia.com ; master1305/Fotolia.com; **p. 74 :** visitlondon.com ; Josh Hurley, Camden High Street ; Paul Hakimata | Dreamstime.com ; Denise Kappa | Dreamstime.com ; Dannyphoto80 | Dreamstime.com ; Maria Mitrofanova | Dreamstime.com ; Xiaodong Sun | Dreamstime.com ; Andreja Donko | Dreamstime.com ; Sebalos | Dreamstime.com ; Terracestudio | Dreamstime.com ; Natalya Korolevskaya | Dreamstime.com ; Petr Malyshev| Dreamstime.com ; **p. 75 :** johnkellerman/iStockphoto.com ; Galina Barskaya_ | Dreamstime.com ; Vladimir Wrangel/Fotolia.com ; **p. 76 :** Oaks Park High School ; Ron Sumners | Dreamstime.com ; Beautyoflife13 | Dreamstime.com ; Petr Malyshev | Dreamstime.com ; Jyothi | Dreamstime.com ; Yap Kee Chan | Dreamstime.com ; Ariwasabi | Dreamstime.com ; Evaletova | Dreamstime.com ; **p. 77 :** Tatyana Gladskih/Fotolia.com ; prudkov/iStockphoto.com ; Tupungato | Dreamstime.com ; Kadrof| Dreamstime.com ;

Kadrof | Dreamstime.com ; Kadrof | Dreamstime.com ; Kadrof | Dreamstime.com ; **p. 79 :** Kadrof | Dreamstime.com ; Wisconsinart | Dreamstime.com ; k.line/Fotolia.com ; Avesun| Dreamstime.com ; **p. 80 :** Pascal Le Segretain / Getty Images ; Kevin Mazur / Getty Images ; Featureflash | Dreamstime.com ; Forewer/Fotolia.com ; Barskaya_ | Dreamstime.com ; Wavebreakmedia Ltd | Dreamstime.com ; track5/iStockphoto.com ; Simone Van Den Berg | Dreamstime.com ; Gunold | Dreamstime.com ; **p. 81 :** FiledIMAGE/iStockphoto.com ; Phartisan | Dreamstime.com ; Sylvie Bouchard ; Spongecake | Dreamstime.com ; **U6 : p. 82 :** Simone Van Den Berg | Dreamstime.com ; dszc/iStockphoto.com ; **p. 83 :** From Jackson Tait, General Rules of Lacrosse! (2011) / Jackson Tait ; **p. 84 :** © SI Cover / Getty Images ; © SI Cover / Getty Images ; © SI Cover / Getty Images ; Simone Van Den Berg | Dreamstime.com ; ©2016 Time Inc. Books All Rights Reserved. **p. 85 :** From Curling Canada, Two Minutes Guide to the sport of Curling (2014) © Copyright 2014 Curling Canada ; Van Den Berg | Dreamstime.com ; Daylight Photo/Fotolia.com ; **p. 86 :** heromen30 | Dreamstime.com ; Denis Pepin | Dreamstime.com ; ronniechua/Fotolia.com ; Andrea Leone | Dreamstime.com ; Rosemary Buffoni | Dreamstime.com ; **p. 87 :** Cosmin Iftode | Dreamstime.com ; Aleksandr Ermakov| Dreamstime.com : **p. 89 :** ~ Bitter ~/Fotolia.com ; **p. 92 :** Andrea Leone | Dreamstime.com ; Norman Rockwell/wikimedia commons ; Norman Rockwell's Gramps at the Plate was the cover of The Saturday Evening Post (1916) ; © Transcendental Graphics / Getty Images ; Galina Barskaya | Dreamstime.com ; Wavebreakmedia Ltd | Dreamstime.com ; track5/iStockphoto.com ; Simone Van Den Berg | Dreamstime.com ; Gunold | Dreamstime.com ; **p. 93 :** Paul Hakimata | Dreamstime.com ; Denis Kelly | Dreamstime.com ; **U7 : p. 96 :** Wavebreakmedia Ltd | Dreamstime.com ; gerenme/iStockphoto.com ; **p. 97 :** Wavebreakmedia Ltd | Dreamstime.com ; From Lonely Planet, Follow our New York City Trail! - Lonely Planet Kids video / www.lonelyplanet.com © 2016, Lonely Planet ; **p. 98 :** From Top 10 New York City Landmarks / watchmojo ; Mila Studio ; **p. 99 :** Ron Sumners ; Jbk_photography | Dreamstime.com ; Antonyesse | Dreamstime.com ; Iricat | Dreamstime.com ; Wavebreakmedia Ltd | Dreamstime.com ; Gunold | Dreamstime.com ; Lindsey Frances ; The Statue of Liberty - Ellis Island Foundation, Inc., Abrams Morris ; Konstantin Yuganov/Fotolia.com ; **p. 100 :** katy_89/Fotolia.com ; 594479 © Lewis W. Hine / Getty Images ; © FPG / Getty Images ; **p. 101 :** From The Godfather © Paramount Pictures ; greatandlittle/Fotolia.com ; Lewis W. Hine / Getty Images ; **p. 104 :** DigiClack/Fotolia.com ; merfin/Fotolia.com ; MicroOne/Fotolia.com ; **p. 105 :** graphixmania/Fotolia.com ; dstarky/Fotolia.com ; **p. 106 :** © Bettmann / Getty Images ; batuhanozdel/iStockphoto.com ; sborisov/iStockphoto.com ; ozgurdonmaz/iStockphoto.com ; Galina Barskaya | Dreamstime.com ; Wavebreakmedia Ltd | Dreamstime.com ; track5/iStockphoto.com ; Simone Van Den Berg | Dreamstime.com ; Gunold | Dreamstime.com ; **p. 107 :** maglara/Fotolia.com ; MNStudio/Fotolia.com ; **U8 : p. 108 :** Gunold | Dreamstime.com ; Spiceboi_99 | Dreamstime.com ; **p. 109 :** From VisitScotland Ad Surprise Yourself (2013) @VisitScotland ; **p. 110 :** Paul Reid | Dreamstime.com ; Lindamore | Dreamstime.com ; Mike7777777 | Dreamstime. com ; cougarsan/iStockphoto.com ; **p. 111 :** Alexander Ryabintsev | Dreamstime.com ; www.lonelyplanet.com © 2017, Lonely Planet ; **p. 112 :** © Illustration by Rosemary Cunningham, www.illustrationetc.co.uk ; **p. 113 :** @VisitScotland © Scott Garrett ; **p. 114 :** soulcld/iStockphoto.com ; **p. 118 :** Stuart Yeates, Glasgow Coat of Arms, domaine public ; © Look and Learn ; Galina Barskaya | Dreamstime.com ; Wavebreakmedia Ltd | Dreamstime.com ; track5/iStockphoto.com ; Simone Van Den Berg | Dreamstime.com ; Gunold | Dreamstime.com ; Bernd Kröger/Fotolia.com ; **p. 119 :** Marzanna Syncerz | Dreamstime.com ; **p. 121 :** ntzolov/iStockphoto.com ; **p. 122 :** adekvat/iStockphoto.com ; **p. 123 :** Iospheredream | Dreamstime.com ; InnaBodrova/iStockphoto.com ; **p. 124 :** Shineart | Dreamstime.com ; Maxim Popov | Dreamstime.com ; **p. 126 :** Subarashii21 | Dreamstime.com ; **p. 127 :** rendixalextian/iStockphoto.com ; alashi/iStockphoto.com ; **p. 128 :** Andrei Krauchuk | Dreamstime.com ; **p. 129 :** Dannyphoto80 | Dreamstime.com ; Dannyphoto80 | Dreamstime.com ; Rassco | Dreamstime.com ; **p. 130 :** Mahmud Fajar Rosyadi | Dreamstime.com ; **Fiches méthodologiques : p. 131 :** Juice Images / Getty Images ; JohnnyGreig/iStockphoto.com ; Hero Images / Getty Images ; **Reading 1-2 : p. 140 :** Susan Solie-Patterson_Wikimedia ; Copyright © 2016 by Jimmy Patterson, Jimmy Patterson Books / Little Brown and Company ; **p. 141 :** Hello, I Am Lily From New York City © ABC Melody, 2014. ; **Reading 3-4 : p. 142 :** Christopher Fay ; **p. 143 :** Book Cover, copyright © by Penguin Random House LLC; Excerpt(s) and Illustrations from IF I BUILT A HOUSE by Chris Van Dusen, copyright © 2012 by Chris Van Dusen. Used by permission of Dial Books for Young Readers, an imprint of Penguin Young Readers Group, a division of Penguin Random House LLC. All rights reserved. ; **Reading 5-6 : p. 144 :** Jeffrey Beall_wikimedia ; **p. 145 :** My Weird School Daze #4 : Coach Hyatt Is a Riot! © HarperCollins, 2009. Illustrations by Jim Paillot. ; Scott Egelberg_wikimedia ; **Reading 7-8 : p. 146 :** Richard Panchyk, adapted with permission from New York City History for Kids: From New Amsterdam to the Big Apple (Chicago Review Press) ; **p. 147 :** georgeclerk/iStockphoto.com ; Martin McCarthy/istock ; theasis/iStockphoto.com.

The British Isles

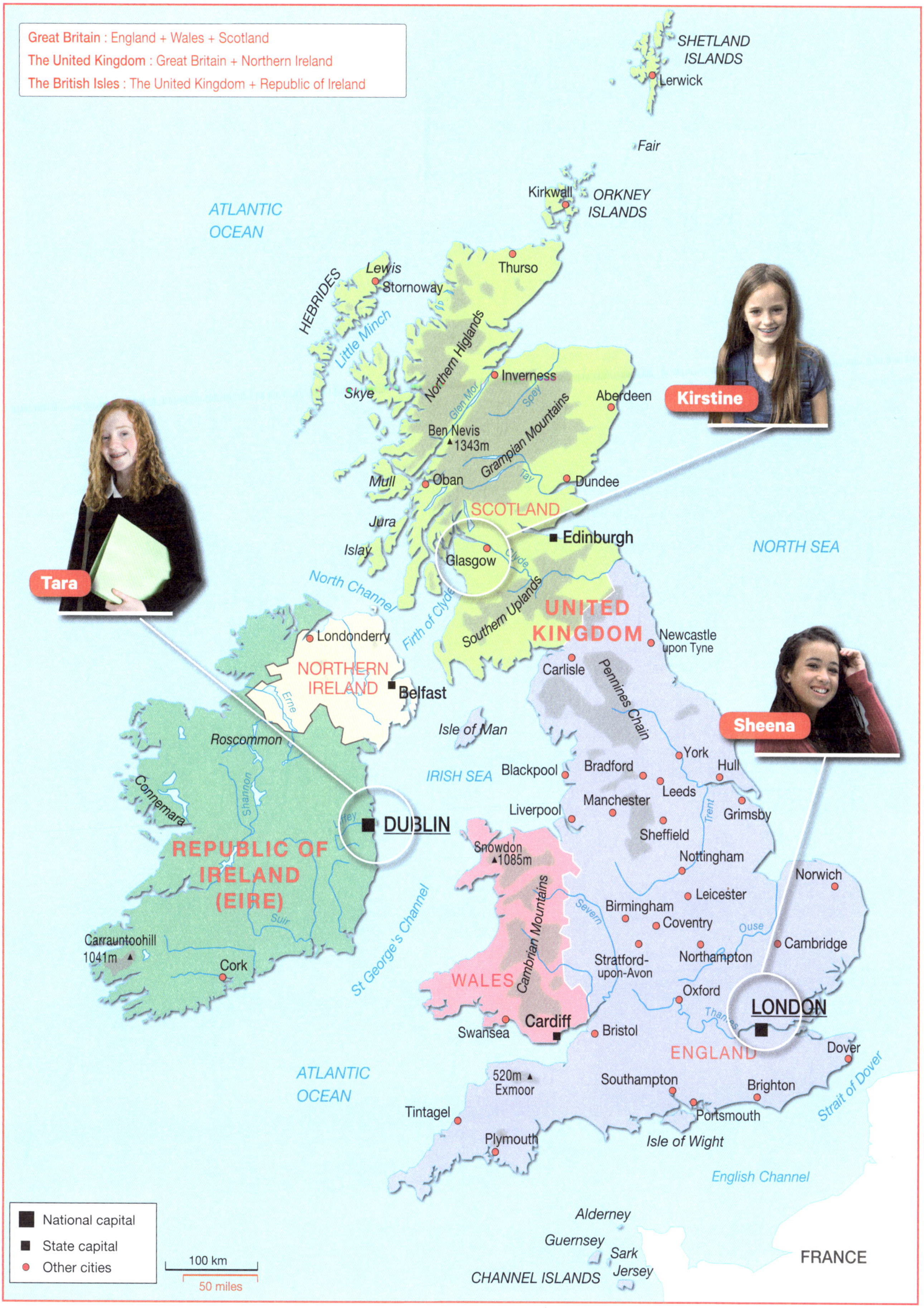

The United States of America

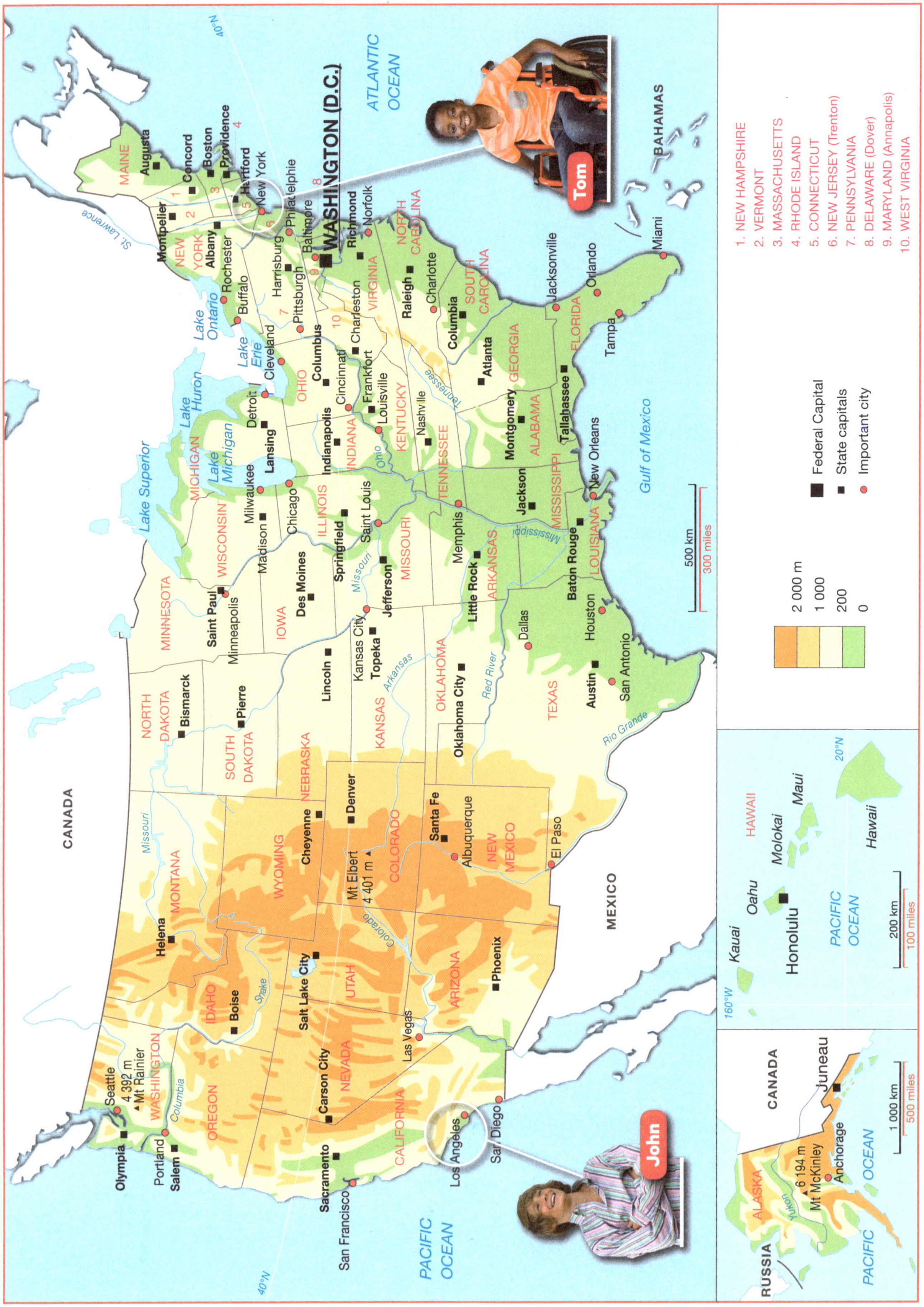